艮《うしとら》の金神《こんじん》と出口なおの霊言

大本教の主宰神と開祖の真実に迫る

大川隆法
Ryuho Okawa

まえがき

宗教に関心を持つ者なら、戦前の大本大弾圧《おおもとだいだんあつ》のことを知らない人はいないだろう。確か日本史の教科書にも出ていたはずだ。

さて本書では、その大本教の開祖・出口《でぐち》なおと、主宰神《しゅさいしん》・「艮《うしとら》の金神《こんじん》」の霊言を収録した。

二代目で有名な出口王仁三郎《でぐちおにさぶろう》については、既《すで》に霊言集を出したことがあるが、開祖は今回が初めてである。

本霊言によれば、出口なおが地上の人間とコンタクトできたのは極めて珍《めずら》しいことらしく、本人の自覚では、あの世で岩戸隠《いわとがく》れしているつもりらしい。鬼門《きもん》の神、艮《うしとら》の金神《こんじん》が封印《ふういん》されていたように、霊界である種の強制隔離《きょうせいかくり》がなされている らしい。

今回、日本宗教史の裏事情を明らかにし、大本大弾圧の秘密にも迫《せま》れたのではないかと思う。

二〇一六年　七月十日

幸福《こうふく》の科学《かがく》グループ創始者兼総裁《そうししゃけんそうさい》　大川隆法《おおかわりゅうほう》

艮の金神と出口なおの霊言　目次

第1章　出口《でぐち》なおの霊言《れいげん》

二〇一六年六月二日　収録
東京都・幸福の科学　教祖殿《きょうそでん》　大悟館《たいごかん》にて

第2章 艮《うしとら》の金神《こんじん》の霊言

二〇一六年六月二日 収録
東京都・幸福の科学 教祖殿 大悟館にて

4

「霊言現象《れいげん》」とは、あの世の霊存在の言葉を語り下ろす現象のことをいう。これは高度な悟《さと》りを開いた者に特有のものであり、「霊媒現象《れいばい》」（トランス状態になって意識を失い、霊が一方的にしゃべる現象）とは異なる。

なお、「霊言」は、あくまでも霊人《れいじん》の意見であり、幸福の科学グループとしての見解と矛盾《むじゅん》する内容を含《ふく》む場合がある点、付記しておきたい。

第1章

出《で》口《ぐち》なおの霊《れい》言《げん》

二〇一六年六月二日　収録

東京都・幸福の科学　教《きょう》祖《そ》殿《でん》　大《たい》悟《ご》館《かん》にて

出口《でぐち》なお（一八三七～一九一八）

大本教《おおもときょう》開祖。現在の京都府福知山《ふくちやま》市の桐村《きりむら》家に生まれ、一八五三年に出口家の養女となる。十九歳《さい》のときに大工《だいく》の出口政五郎《まさごろう》と結婚《けっこん》し、三男五女をもうけるも、その養育に苦労する。一八九二年、「艮《うしとら》の金神《こんじん》」が神がかり、自動書記によって「お筆先《ふでさき》」を書き留《と》めるようになる。その後、出口王仁三郎《おにさぶろう》によって漢字が当てられ、大本の根本教典《こんぽんきょうてん》『大本神諭《しんゆ》』として発表された。

質問者　※質問順

酒井太守《さかいたいしゅ》（幸福の科学宗務《しゅうむ》本部担当理事長特別補佐《ほさ》）

武田亮《たけだりょう》（幸福の科学副理事長 兼《けん》 宗務本部長）

［役職は収録時点のもの］

1　大本教《おおもときょう》開祖・出口《でぐち》なおを招霊《しょうれい》し、「大本弾圧《おおもとだんあつ》」の真相を訊《き》く

宗教として、「大本教の歴史」は知っておかなくてはいけない

大川隆法　今日は、「艮《うしとら》の金神《こんじん》・出口《でぐち》なおの霊言《れいげん》」というテーマを出しました。これは、予定していたものでも、計画していたものでもありません（笑）。今朝《けさ》、ご飯《はん》を食べている間に、「何か来たかな」と思って調べてみたら、そうした者が来ていたのです。〝招かざる客〟ではあったのですが、「必然かな」と思う面もあります。

したがって、今日の霊言が公開できるかどうかは、内容を見てからでないと分

かりません。〝秘密霊言〟になる可能性も、ある程度あるかと思います。

さて、「艮の金神」というのは、大本教《おおもときょう》を指導した霊人《れいじん》というか、神であり、「出口なお」は、まだ私が霊言を降ろしていない大本教の初代教祖（開祖）です。

出口なおは女性の教祖であり、二代目が出口王仁三郎《おにさぶろう》で、なおの娘《むすめ》の婿《むこ》養子に来た有名な方です。彼は、巨大《きょだい》霊能者だったのですが、大本教を大きくして弾圧《だんあつ》を受けています。

なお、今日のポイントは次のようなことです。

当会は、昨年（二〇一五年）の戦後七十年の体制に向けて、霊言など、いろいろなものを出してきました。それらは、基本的に、「大東亜《だいとうあ》戦争は、人種差別解放のための、神々の支援《しえん》による一つの革命でもあったのだ」という論調が主力になっているとは思います。

ただ、宗教として、一つ知っておかねばならないのは、「大本教の歴史」です。

これについての研究をしておかなくてはいけないでしょう。

大本教の場合、艮の金神が指導して、やっていましたが、「出口なお」という人は、あまり学問があった方ではありません。大工《だいく》の娘で、破産をしたりして、いろいろ苦労したあと、金光教《こんこうきょう》などでも勉強しながら、大本教のもとになるものをつくっています。

ちなみに、「お筆先《ふでさき》」という言葉を聞いたことがあると思いますが、大本教では、「お筆先」という、ひらがな書きで書いた自動書記を、少し教養のある出口王仁三郎が入って整理し、きちんと漢字混《ま》じりの文に直して広めました（『大本神諭《しんゆ》』）。そうした神示を広げたわけですが、それは一種の「革命思想」ではあったのだと思うのです。

また、最近、大川真輝《まさき》の『大川隆法名言集「革命家」になりたい〝あなた〟へ100の極意』（大川真輝著、幸福の科学出版刊）の講義が本になっていますが（二〇一六年五月五日講話、『正しき革命の実現』（大川真輝著、幸福の科学出版刊）参照）、そのなかにも、「大本教の革命思想が弾圧を受けた」ということが書かれています。ここには、宗教として、非常に注目しておかなければならない部分があるでしょう。つまり、「先の大戦に関して、日本神道《しんとう》系の神々は、肯《こう》定《てい》派が主力だった」という言い方をしていますが、〝そうではなかったもの〟もあったわけです。

出口王仁三郎《おにさぶろう》の予言に見る、「時間を当てる」ことの難しさ

大川隆法　出口なおは、「三千世界一度に開く梅の花、艮の金神の世になりたぞ

『大川隆法名言集「革命家」になりたい“あなた”へ100の極意』（大川真輝著、幸福の科学出版刊）

『正しき革命の実現』（大川真輝著、幸福の科学出版刊）

お立直《たてなお》しの時代がやって来る。神々が降臨して、お立直しが起きるぞよ」と宣《の》べています。つまり、「お立直しが起きるぞよ」というようなことを言っていたわけです。

そして、王仁三郎《おにさぶろう》は、「東京に火の雨が降る」「ピカドンが落ちる」というような予言をしました。

ただ、これは心霊学的に知っていなければいけないことですが、結局、予言というのは、時間を的中させるのはなかなか難しいのです。時間は、ずれることが多く、「時間をぴったりと当てることができた予言」というのは、過去を見ても、それほどありません。

そのため、予言には、「いつ起きるか分からない」というようなところがあるわけです。そのあたりのことについては、知っておかなくてはいけないでしょう。

大川真輝著『正しき革命の実現』にも、「大本は、そうした予言が二十年ほどずれたために、大弾圧を受けた」というようなことが書かれています。

実際には、関東大震災《だいしんさい》が一九二三年に起きたのですが、大本教は、その前の一九二一年に、一斉《いっせい》検挙や弾圧を受けていますし（第一次大本事件）、その後の一九三五年にも大弾圧を受けています（第二次大本事件）。

私が生まれたころには、すでに、日本史の教科書に、二回にわたる大本大弾圧については述べられていたと思います。

結局、神々の意向として、あるいは艮の金神だけかもしれませんが、大本教では神の意向として、「日本が今、突《つ》き進んでいる方向では、アメリカにボロボロに負けて、国が焦土《しょうど》と化す」というような予言が出ていたわけです。また、「原爆《げんばく》が落とされて、大変なことになるぞ」というようなことも

1935年（昭和10年）の第二次大本事件で教団は徹底的な弾圧を受け、壊滅状態に陥った。（写真：綾部《あやべ》本宮山《ほんぐうやま》神殿の取り壊しの様子）

予言していました。

もちろん、それ自体は、歴史的に見れば当たっていたことになるわけですが、予言として見たら、二十年ほどずれていて、早すぎたわけです。

秋山真之《あきやまさねゆき》の「関東大震災《だいしんさい》の予言」にも時間のずれがあった

大川隆法　似たような例に、秋山真之《あきやまさねゆき》の話があります。彼は、日露《にちろ》戦争でバルチック艦隊《かんたい》を破《やぶ》ったときの海軍の参謀《さんぼう》でした。

ちなみに、秋山兄弟というのは有名で、お兄さんの秋山好古《よしふる》は、軽騎兵《けいきへい》を率いて、ロシアのコサック騎兵を史上初めて破った人です。要するに、ナポレオンも敵《かな》わなかったロシア陸軍を破った人なのです。

好古は、「日本の馬は小さいので、向こうとぶつかるときに、馬から降りて、一斉に銃《じゅう》を構えて下から撃《う》つ」という作戦を立てて、コサック騎兵を破ってしまいました。これが兄のほうで、陸軍の天才です。一方、海軍の天才が真之です。これが、『坂の上の雲』という司馬遼太郎《しばりょうたろう》の小説でも有名な秋山兄弟なのです。

この弟のほうには少し霊的な才能があったようで、神秘家のようなところがありました。そして、うつらうつらしているときに、バルチック艦隊が対馬沖《つしまおき》を航行して、北のほうに上がってくる姿が、ありありと見えたらしいのです。

当時、ロシアのバルチック艦隊には、「日本海側のウラジオストクに入るために、対馬海峡《かいきょう》のほうから、まっすぐ直行で入ってくる」のか、つまり、「長旅なので、移動距離《きょり》を短くするためにそう来る」のか、あるいは、「待ち伏《ぶ》せを受けると見て、遠回りして太平洋を回り、津軽《つがる》海峡のほうを抜《ぬ》けてくる」のか、ルートとしては二つの可能性がありました。

そのため、日本では、漁船などをたくさん走らせて、これを〝当てよう〟として見ていたのですが、なかなか分からなかったのです。

結局、日本は、「バルチック艦隊は対馬海峡のほうから来る」と見て、待ち伏せをしていたわけですが、実際は、遅《おく》れたか何かで、四、五日たってもなかなか来ませんでした。そのため、「上海《シャンハイ》を出てからの速度から見て、もう来てもいいはずなのに来ない。やはり、津軽海峡のほうから来るのではないか」ということで、日本海軍はそうとう揺《ゆ》れるわけです。

しかし、秋山真之が、「やはり、津軽海峡ではなくて、対馬海峡のほうからやって来る」と見て、立てていた作戦を堅持《けんじ》して、完全勝利を収めました。要するに、パーフェクトゲームになったわけです。なお、このあたりについては小説等に描かれているので、そちらに譲《ゆず》りたいと思います。

ちなみに、ずっと以前に、学生時代ぐらいだったでしょうか、私は、この秋山真之の霊から自動書記のようなものを受けているのです（注。その後、公開霊言としては、二〇一〇年九月十五日に「秋山真之の霊言」を収録している。『秋山

真之の日本防衛論』（幸福実現党刊）参照）。

秋山真之は、日露戦争をやって、へとへとになったのでしょう。退役《たいえき》したあと、神秘家、新興宗教の〝教祖〟のようになってしまって（笑）、「関東大震《だいしん》災《さい》が来るぞ」というようなことを、かなり言い回るようになりました。「それは、明後日《あさって》に来る」というようなことを言い始めていたのです。

しかし、実際に来たのは数年後で、やはり、同じように、時間のずれがありました。そのため、晩年については、「気が触《ふ》れた」というような感じで、いろいろと取り沙汰《ざた》されているところもあります。

しかし、これは、やはり、予言についての性質を、もう少し知らなくてはいけないということでしょう。

『秋山真之の日本防衛論』
（幸福実現党刊）

後世の人を悩《なや》ませた「ヨハネの黙示録《もくしろく》」と「予言のポイント」

大川隆法　例えば、『聖書《せいしょ》』のなかにも、「ヨハネの黙示録《もくしろく》」のような、少し怪《あや》しげな内容のものがありますが、これもいつのことなのか、時間が分かりません。

「ヨハネの黙示録」には、「イエスが再臨するらしい」というような予言と、「天の封印《ふういん》が解かれたときに、不吉《ふきつ》な予兆がたくさん現れる」という予言があるけれども、これがいつのことなのかが分からないのです。

「ネロ帝《てい》のときのこと」なのか、それとも、「もっとあとの時期のこと」なのか、「ノストラダムスの予言した二十世紀ぐらいのことまで言われている」のか、「まだ来ていない」のか、「ナポレオンのこと」なのか、いろいろな意見があって、結局分からず、後世を悩《なや》みと謎《なぞ》のなかに置いたところがあります。

ただ、「予言には、そういうところがあるのだ」ということは、ある程度、知識として知っておいたほうがよいでしょう。

したがって、予言をする場合には、「こういう条件が満たされたときはこうなるけれども、この条件に変わったときには変わる場合がある」というように、一定の条件は付けておいたほうがよいことが多いのです。

また、「時間的なものは、ずれる可能性がある」ということも知っておいたほうがよいでしょう。これは、一つには、霊界《れいかい》における時間が、この世の時間と違《ちが》うからです。

つまり、すごく切迫《せっぱく》してくるような感じがしたものは〝近く〟感じられて、実際よりも〝早く来る〟ように感じます。しかし、それほど思っていなかった場合は〝遅《おそ》く来る〟ように感じるわけです。そのため、ずれることがあるのです。

したがって、はっきりと明確には言わないのがポイントでしょう。私も、予言をする場合、あまり日時を明確に言わないように努力しています。予言がずれると、それが迫害などを生むことが多いので、多少ぼかすようにしているわけです。

革命には「体制内革命」と「体制外革命」がある

大川隆法　また、最近、当会では、いろいろな霊言等を受けながら、選挙運動もやっているので、「革命」という言葉が流行《はや》っています。特に、若い人たちは、「革命」という言葉に、すごく好感を持って、安易《あんい》に使うことが多いのですが、気をつけなければいけないこと、知っておかなければいけない〝大人の視点〟が一つあります。

それは、「革命には、体制内革命と体制外革命がある」ということです。この違いを知らなかった人は、悲劇を招くことがあるでしょう。

「体制内革命」というのは、体制の大きな枠《わく》を変えずに、なかを変革していくものです。これについては、迫害は、そう大きなかたちでは起きません。多少、衝突《しょうとつ》が起きて、批判を受けたり、逆風が吹《ふ》いたりするようなことはありますが、大きな迫害は起きないのです。

しかし、「体制外革命」、要するに、国体や体制そのものをぶち壊《こわ》してしまうかたちの革命の場合には、やはり、「現体制そのものが、それを潰《つぶ》すために出てくる」という戦いになります。そのため、基本的に、「権力機構がなかに持っている〝暴力システム〟の部分が、敵になって現れてくることが多い」ということです。このへんについては、よく知っておかなければいけません。

やはり、「宗教革命」という場合も気をつけないといけないので、大本の研究をしておくのもよいでしょう。

また、イスラム教のジハード（聖戦《せいせん》）がテロレベルで行われた場合、先進国は、ほとんど国家レベルでの防衛を始めます。したがって、宗教革命の実現の可能性はかなり厳しいものになって、悲惨《ひさん》な結果がそうとう続くこともあるわけです。

このへんをよく知らずに、あまり「革命」を語りすぎると、危険な面があるでしょう。

「オウム」「創価学会《そうかがっかい》」に見る革命のあり方

大川隆法　さて、今日の「艮の金神・出口なお」系のほうは、「明治政府が起こして続けていた体制が、日本を破滅《はめつ》に導く」というような結論を出して、「神様がたがお立直しをするのだ」という言い方をしているようにも聞こえたわけです。

あるいは、昭和二十年以降の改革を、「お立直し」と呼んでいたのであれば、それはやや予言の時期が早すぎた面があったでしょう。それならば当たってはいるわけですが、このあたりの「時差」の部分で、大本は大弾圧を受けました。

京都府の少し北のほうにある綾部《あやべ》には、大本の本部がありますが、「信者が全国から大きな石をたくさん引っ張ってきてつくった要塞《ようさい》のなかで、大本が武装している」というような噂《うわさ》もあって、警察官が大勢動員されたわけです。そして、千五百発ものダイナマイトを使って、本部そのものを爆破されるようなことがありました。

近年では、一九九五年にオウム真理教が、大本と同じく、「体制外革命」と思われる革命を目指していたようです。

その当時、「(宗教で)選挙に出たのは創《そう》価《か》学会《がっかい》とオウムだけ」と言われていましたが、オウムが最初の選挙に出たところ、信者が二千人ぐらいいるはずなのに、

大本発祥の地である綾部(京都府)は開祖・出口なおに「艮の金神」が神がかりした地であり、聖地「梅松苑」として祭祀の中心地となっている。

千七百票ぐらいしか入らなかったのです。そのため、「これは、選挙管理委員会が操作したに違いない」というようなことで、「怒《いか》り心頭」になり、とうとう地下鉄でサリンを撒《ま》いて、警察も敵に回すことになりました。さらに、「桜田門《さくらだもん》を狙《ねら》い、小型の自動操縦ヘリで、東京上空からサリンを撒いて、五十万人か百万人を殺してやろうか」というようなところまで行った段階で、体制と激突するかたちになったわけです。

また、創価学会も選挙運動をやっており、池田大作《いけだだいさく》さんが、「総体革命《そうたいかくめい》」と言っていました。

当時、総体革命の目標は二〇〇五年だったと思いますが、「日本の各部門に全部入って、〝創価革命〟を起こす。創価学会を国教にして、国立戒壇《かいだん》を立てる」というものです。

そのようなことをやっていたので、マスコミのほうは、「政教分離」のところ

●**国立戒壇**　国立戒壇の建立とは、戒壇を日本が国家として建立することをいい、創価学会においては、信奉する日蓮正宗の国教化を意味した。なお、戒壇とは仏教用語で、僧侶になるための戒律を授ける場所のこと。

で攻《せ》めて、「池田を証人喚問《かんもん》すべきだ」というような意見も出ました。

実際、後藤田正晴《ごとうだまさはる》さんは、生前、警察庁長官として危機管理を担当していたときに、池田大作さんと直接会って、「池田さんの革命は体制内革命ですか。体制外革命ですか」と訊《き》いたそうです。

すると、池田大作さんはその場で、「いいえ、体制内革命です。国を壊す革命ではなくて、国のなかでのやり方を変えようとする体制内革命です」と明言したらしく、それで後藤田警察庁長官は、「いちおう大本のように弾圧する必要はないと判断した」というようなことを述懐《じゅっかい》していました。

ここは非常に大事なところでしょう。革命というのは、だいたい塀《へい》の上を歩いている感じで、「塀の内側に落ちれば刑務所《けいむしょ》、外側に落ちれば道路」というかたちになっているわけです。ただ、このあたりのことについて、まだ教団の信者や職員はよく知らないかもしれないので、やや警戒しなければいけません。

「保守系の政治思想を持った宗教」と理解されている幸福の科学

大川隆法　私のほうは、大悟《たいご》から三十五周年、立宗《りっしゅう》三十周年がたっていますけれども、この間《かん》、実に慎重《しんちょう》に運営しています。

例えば、「革命」という言葉は何度か使っていますが、外側から見るかぎり、「国の基本的な体制である自由主義や民主主義、あるいは、資本主義の精神、市場原理、さらには、発展・繁栄《はんえい》の思想等を取り入れている。その上で、日本を改革し、よくしていく運動であり、そういう流れのなかでの革命だろう」という感じで一般《いっぱん》には理解されてきました。言い換《か》えれば、「オウムや大本のような宗教ではない」という理解が一般的なわけです。

その意味で、警察やマスコミのほうも、そこまで怖《こわ》い宗教だとは思っていないでしょう。

もちろん、マスコミを批判する場合もありますが、言論については非常に論理的かつ合理的で、極《きわ》めてリアリズムを重視した言い方をしています。したがって、「保守系の政治思想を持っていて、『心の革命』を中心にした革命を唱えている宗教だ」というふうに理解されているのです。

ただ、選挙のほうで、けっこう負けが続いているので、活動している人たちのほうは、だんだん頭に血が上《のぼ》ってくるでしょう。そのため、共産主義革命との違いがよく分からなくなってきている面も出てくるかもしれません。

そこで、今日は、大本教が弾圧を受けた事情を、霊的な面も含《ふく》めて探《さぐ》ってみたいと思います。公開できるかどうかは分かりませんが、教団内部としては、「革命と弾圧の真実」についてのソフトを持っておいたほうがよいのではないでしょうか。

警察は幸福の科学をどう見ているか

大川隆法　なお、私自身は、決して学歴主義者ではないのですが、東大の法学部を出て、資本主義陣営《じんえい》のなかにある職場（大手総合商社）でしっかりと働いてから、幸福の科学の仕事を起こしました。そういうわけで、「体制のなかでの考え方ができる人だろう」という理解はされているでしょう。おそらく、幸福の科学が大きくなったとしても安心感はあると思います。

しかし、万の単位の人数の講演会をやりながら、これがもし全部、「政府を武力で倒《たお》す革命」という内容であれば、そうとうの警戒はされるはずです。

実際、警視庁でも新宿《しんじゅく》署などには、九〇年代に新宗教の対策班がありました。〝カルト対策室〟というものがあって（笑）、その対策には、創価学会やオウムのほか、幸福の科学もいちおう入っていたのです。それ以外にも、統一教会《とういつきょうかい》、法の華三法行《はなさんぽうぎょう》、ワールドメイト等、新しい宗教が全部調査対象になっていました。おそらく、それぞれの団体に潜伏捜査員《せんぷくそうさいん》が入って、なかの教義や活動を調べ、情報を集めていた状態でしょう。当然、当会にも入って、調べていたはずです。

おそらく、思想調査はずっと続いているのでしょうが、基本的に私は、保守的な政治思想を持っているので、心配されていないと思います。

ちなみに、「講談社フライデー事件」のときには、マスコミとぶつかったので、「これは反体制か」ということで、一部、心配が生じたかもしれません。

ただ、時間の範囲《はんい》内で、「けっこう正当な抗議《こうぎ》運動としてのマスコミ批判だった」というかたちで、今は消化されていると思います。

当時は、警察の方と会ったときでも、どちらかというと幸福の科学寄りで判断はしてくれていました。「写真雑誌等は、いろいろな事件をたくさん起こしているので、非常に困る」というようなかたちで、警察のほうも言っていたので、それほど悪意を持った見方はしていなかったでしょう。

また、オウム事件のときには、警察と共闘《きょうとう》して、オウムのほうを追い込《こ》む運動をやりましたので、当会は別に怖がられてはいません。さらに、オウムに「破壊《はかい》活動防止法」を適用しようと考えていた場合にも、警察のほうが当会にいろいろと協力を求めてきたぐらいなので、「左翼《さよく》の評論家やマスコミ、活動家などに比べれば、だいぶ違う」と見ていただろうとは思います。

ただ、政治が活発化してきて、革命運動になってくると、どこも似てくるので、一度このへんをチェックしておいたほうがいいでしょう。

大弾圧《だいだんあつ》を受けた大本教の開祖・出口なおを招霊《しょうれい》する

大川隆法　そういうわけで、艮の金神と出口なおを調べなければいけないのですが、何が出るか分かりません。この前、天理教《てんりきょう》の中山《なかやま》みきの霊言を収録したら、私の母の守護霊《しゅごれい》が出てきました（『天理教開祖　中山みきの霊言』〔幸福の科学出版刊〕参照）。まさか、そのようなところで生まれていたというのは知らなかったので、少しショックだったわけですが、今回も何か出てくるかもしれません。

そこで、質問に関してベテランのお二人に訊《き》いてもらうかたちで行います。公開になるか、秘密霊言になるかは今のところまだ分かりません。

今、当会は、戦争についてもそうとう取り上げているし、「革命」という言葉も使っていれば、選挙もやっています。そういう意味では、「社会的に誤解される可能性」と「言っていることを悪用される可能性」との両方がありえます。やはり、内部的なソフトとしては、知っておかねばならないことがあるでしょう。

要するに、「大本教《おおもときょう》はなぜ弾圧《だんあつ》されたのか」ということです。

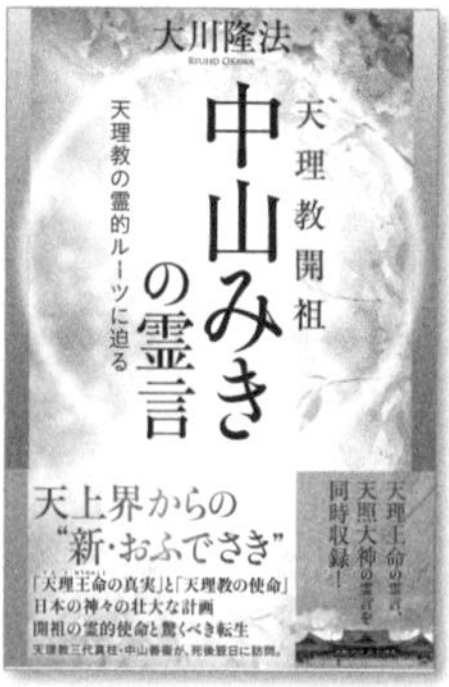

『天理教開祖　中山みきの霊言』（幸福の科学出版刊）

ちなみに、私は幸福の科学を運営していくなかで、「生長《せいちょう》の家《いえ》」型の「光明《こうみょう》思想的神道《しんとう》」の部分を入れました。というのも、生長の家のほうは、戦争中に弾圧を受けていないからです。確かに、言っていることは反対になって、戦争には負けたのですが、弾圧は受けていません。

つまり、（創始者の）谷口雅春《たにぐちまさはる》さんが大本の大弾圧を見ながら〝ハンドル〟を切って、大本から離《はな》れて生長の家をつくったので、体制擁護《ようご》型にはなったわけです。

もちろん、敗戦が来たあとに、谷口雅春さんは実際上、公職追放されてはいますけれども、私のほうは、よく考えた上で判断してきたつもりです。

ともかく、今の若い人たちは、そのあたりの経緯《けいい》について、おそらく知らないだろうと思うので、ここを一回詰《つ》めておきましょう。

2016年6月発刊『生長の家 創始者　谷口雅春に政治思想の「今」を問う』（幸福の科学出版刊）は、幸福の科学草創期以来、20数年ぶりに収録された同師の霊言。

やはり、日本神道は全部同じではないのです。

なお、出口王仁三郎の霊言については、『大川隆法霊言全集』の46巻と49巻に入っています。

では、どちらから行きますか。「艮の金神」から行きますか。彼らは、ほとんど同時に来たのですが。

酒井　そうですね。最初は出口なおさんがいいかと思います。

大川隆法　そうですか。

では、大本教の教祖、開祖であります、「お筆先」を書きました出口なお様を、幸福の科学　教祖殿《きょうそでん》にお

『大川隆法霊言全集　第46巻　出口王仁三郎の霊言①』
（宗教法人幸福の科学刊）

『大川隆法霊言全集　第49巻　出口王仁三郎の霊言②』
（宗教法人幸福の科学刊）

呼びいたしまして、何らか私たちの参考になることを、お聞きすることができれば幸いかと思います。

大本教開祖・出口なおの霊よ。

大本教開祖・出口なおの霊よ。

幸福の科学　教祖殿に降りたまいて、その心の内を明かしたまえ。

出口なおよ。

幸福の科学　教祖殿に降りたまいて、その心の内を明かしたまえ。

（約十秒間の沈黙《ちんもく》）

出口なお（1837 ～ 1918）

大本の基礎は二人の教祖が築いた。なおは 63 歳のとき、上田喜三郎《きさぶろう》（のちの出口王仁三郎）と出会う。大本入りした喜三郎は、ほどなくして娘婿となり、開祖・なおと、聖師・王仁三郎の二大教祖体制が立ち上がる。なおの「お筆先」には「三千世界の立替え立直し」によるみろくの世の到来が啓示されており、27 年間で半紙 1 万巻 20 万枚に及んだ。なおはひらがなしか書けなかったため、王仁三郎が漢字をあて、のちに『大本神諭』としてまとめられ、王仁三郎の口述した『霊界物語』と共に大本の二大教典となっている。

2　大本教《おおもときょう》はどのような時代背景のなかで広がったのか

いろいろな不幸のなかで「神様が降りてきた」

出口なお　うーん……。

酒井　おはようございます。

出口なお　うーん……、わしを呼べるかあ……。わしを呼べる人はいないんだがのお、今は。うーん。

酒井　そうですか。当会の霊言《れいげん》はご存じですか。出口なお様でいらっしゃいますよね？

出口なお　ああ。大本《おおもと》も、わしを呼べんのじゃあ。

酒井　大本は、そうですね。はい。

出口なお　うーん。

酒井　初めてに近いかたちで今回お出《い》でいただいたわけですけれども、ただいまの大川隆法総裁のお話もいろいろ聞かれていたと思います。

出口なお　うーん。

酒井　当時の出口なお様は、ほとんど学問というものを持たず、字も「ひらがな」しか書けないような状況《じょうきょう》のなか……。

出口なお　馬鹿《ばか》にしとんのか?

酒井　いえいえ、そういうわけじゃないんですけれども。そういった状況のなか、後《のち》に国家から弾圧《だんあつ》を受けるほどの御神示《ごしんじ》を受けて、お筆先を書かれていました。その量も、ものすごい枚数だったと聞いております。

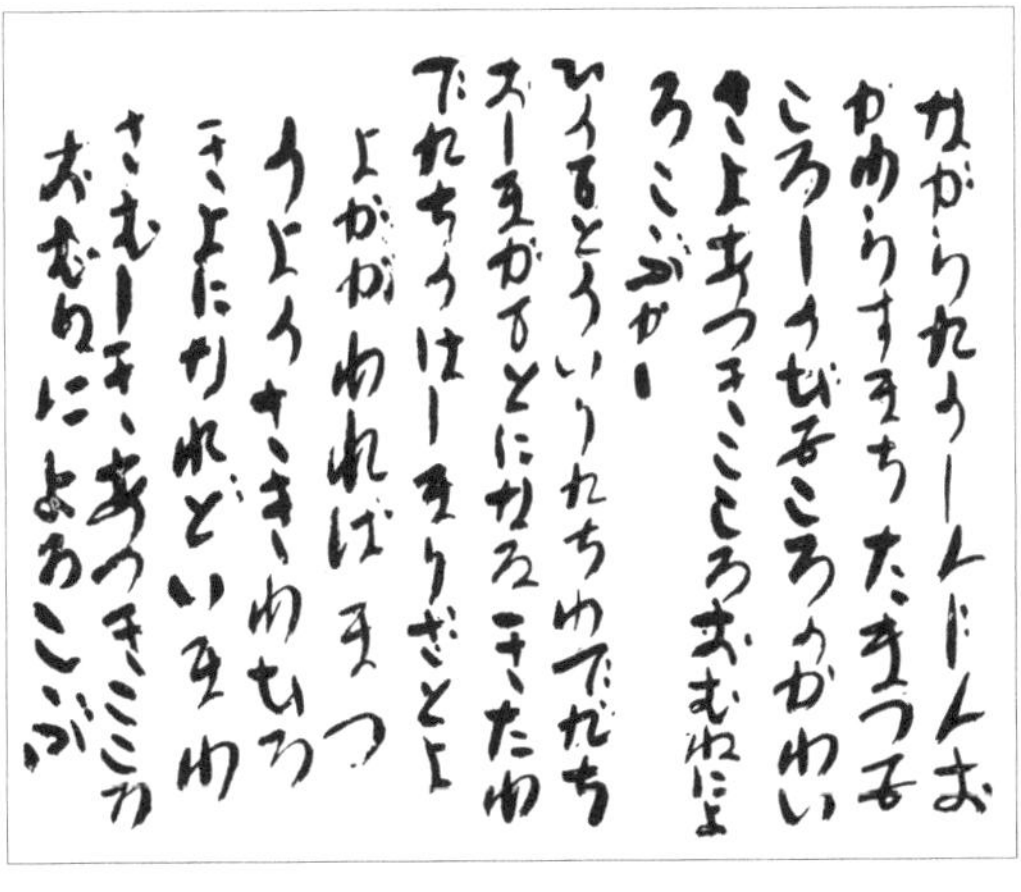

出口なおの「お筆先」(『大本教祖出口直子伝』明誠館刊)。

出口なお　そうだ。乗り移ってのお。神が乗り移ってのお。動いて、動いて。手が動くんじゃあ。

酒井　出口なお様は、御神示が降りるまでは、何か国に対してお考えとか、そういうものはお持ちだったんでしょうか。

出口なお　うーん、貧乏《びんぼう》や病気やのお、破産や、いろんな不幸はいっぱいあったわのお。

まあ、ちょっと、ほかの宗教……、金光教《こんこうきょう》とかのお、いろいろ頼《たよ》ったりもしたがのお。

酒井　はい。

出口なお　金光教なんかはのお、神様に「お取り次ぎ」してくれてのお、神の声を聞いてくれるっちゅうとこじゃったんじゃがのお。まあ、わしにとっては、あまり人生は、そうようならんかったでのお。

そのうち、強力な神様が降りてきてのお。わしに御神示を降ろして、「これから、もう大変なことが起きる」っていうことでのお。スケールが大きくてのお。

まあ、あとは、よき二代目がのお、

出口王仁三郎（1871 ～ 1948）
王仁三郎は、なおの娘・すみ（第二代教主）と結婚、教主輔となり、大本の聖師として、なおと共に二大教祖と崇められるようになった。

力のある二代目が来たで、その力もあってのお、大本も、百万信徒を誇《ほこ》るぐらいの勢力になってのお。

酒井　はい。

出口なお　まあ、新聞（社）も買ったりのお、奇抜《きばつ》なこともやって、世間《せけん》から注目されたんだけどのお。だけど、弾圧をいっぱい受けてのお。神様が応援《おうえん》してくれるのに弾圧を受けて、すごい憎《にく》まれたのお。だから、なんでや？　なんでかのお。

弾圧《だんあつ》を受けた原因を語る

酒井　今から振《ふ》り返られて、「お筆先《ふでさき》」のなかの、どこの部分が、いちばんまず

●新聞（社）も買ったりのお……　1920年、出口王仁三郎は、経営難に苦しみ廃刊になった大正日日新聞社を買収し、宗教団体発行の新聞として発刊を続けた。しかし、第一次大本事件後の1923年に手離した。

かったと思いますか。ご自身でも読んでみて……。

出口なお　まあ、「お立直《たてなお》し」だろうのお。

酒井　お立直し。

出口なお　これは、革命やろ？　ということは、明治の世をつくった政府をのお、また〝ぶっ潰《つぶ》す〟ということだろお？

酒井　はい。

出口なお　それを、宗教の勢力でぶっ潰すのか、神が天変地異を起こしてぶっ潰すのか、外国の軍隊が日本に来てぶっ潰すのか、あるいは、その全部かは知らんが。まあ、「とにかく不幸を呼び起こして、この国の生き様《ざま》を根本《こんぽん》から変える」って、そういうことを言うとったでのお。

酒井　そうですねえ。

出口なお　「危険思想と見られておった」ということだのお。

酒井　『大本神諭《しんゆ》』にも書かれていますが、教派神道《しんとう》を肯定《こうてい》して、天理教《てんりきょう》やそれ以外の教えも肯定して、最後の最終ランナーが大本教であって。

出口なお　うーん。

酒井　この「お立直し」っていうのも、「三千年前から」と書いてありますけど、かなり昔から計画されていたというような内容だったと思います。

出口なお　うーん。

酒井　「『裏が表になる』という仕組みがあって、それが今、進んでいるんですよ」という……。

出口なお　まあ、それが革命だろ。

政府は「神道系《しんとう》」を名乗る宗教を敵と見ていたのか

酒井　この時期について、当時としては、どのように考えられていたんですか。

出口なお　たぶん、明治維新《いしん》でのお、得した人もおるが、損した人も多いでのお。

酒井　はい。

出口なお　まあ、そういう人たちの鬱憤《うっぷん》がのお、何か新宗教の勢力に結集して、革命勢力になるんでないかっちゅうことを恐《おそ》れとったかのお。

酒井　体制側が恐れていたんですね。

出口なお　隣《となり》の中国も、いつも宗教が政治を倒《たお》す運動を起こすからのお。そういうことは知っておったであろうからのお。

酒井　そういう「損した人たち」を集めて、革命を起こそうという意図はあったんですか。

出口なお　いやあ、やっぱり、そういう思いは、ちょっとは日本に取り憑《つ》いとったわなあ。

酒井　ああ。

出口なお　まあ、わしらのとこは、まだそれでも太平洋戦争後も生き延びてはおるが、勢力は衰《おとろ》えながらのお、跡継《あとつ》ぎたちは次々と投獄《とうごく》はされていて、弾圧《だんあつ》されたわなあ。

あと、明治のときにも、●蓮門教《れんもんきょう》いうのも、百万信徒というぐらいまで急成長したけど、これもぶっ潰された、弾圧でのお。

だから、何だかんだ言うて、明治の政府は、「天皇御親政《てんのうごしんせい》の〝一神教〟」をつくろうとはしておったから、意外に、神道《しんとう》系を名乗る宗教を「敵」と見ておったんではないかのお。

酒井　なるほど。

出口なお　キリスト教なんかは、弾圧もちょっとあったが、どうせ流行《はや》りゃあせ

●**蓮門教**　明治初期に、小倉の主婦である島村みつが創唱した新宗教。法華神道系であり、「事の妙法様」を信仰していた。御神水による病気治療によって多くの信者を得たが、当局の圧迫干渉を被り、新聞等から批判を受けるなどして急激に衰退。1940年代に消滅した。

んと思われとったしのお。

仏教は、もう（日本での）歴史は千何百年もあったでのお。仏教が急速にそんなに力を持っちゅうことも、あんまり考えられんかったからのお。

まあ、日蓮宗《にちれんしゅう》系が、わしらよりちょっとあとになるが、大正、昭和初期等に「右寄り」の運動をかなり活発化しておったんで。

まあ、若干《じゃっかん》、これも難しいのお。「右寄り」と言うても、体制（側）とは必ずしも言えずに、やっぱり、暗殺を企《くわだ》てたり、いろいろ悪いこともしとったでのお。こっちも鎮圧《ちんあつ》せにゃいかんし。

酒井　はい。

出口なお　わしらのほうは「右寄り」とは言えんが、「左寄り」かもしらんが。

酒井　「左寄り」ですか。

出口なお　もしかしたら、今で言やあ、「反核《はんかく》平和主義」だったかもしらんのお、もしかすればの。

酒井　なるほど。そういうお気持ちがあったんですね。

出口なお　うん。なんか、「反核平和主義運動型」の、「戦争法案反対型」の革命だったかもしらん、もしかしたらな。

酒井　大本教は、教派神道として、神道の流れに入っていると考えることもできるんですけど、「天皇」や「天皇制」に対して、どういうお考えだったんですか。

出口なお　まあ、天皇様は、そらあ、あまり偉《えら》すぎるで、わしらみたいな庶民《しょみん》には関係のないことやけどものお。

しかし、神を掲《かか》げてやるとな、やっぱり、大きくなると戦いになるでな。

酒井　はい。

出口なお　あんたがたが今、私らを引き寄せとるのも、まあ、そのへんのところだろ？　きっとな。

3　なぜ大本教《おおもときょう》の「革命思想」は弾圧《だんあつ》されたのか

「艮《うしとら》の金神《こんじん》が『祟《たた》り神』であることは分かっていた」

酒井　出口なお様は、艮《うしとら》の金神《こんじん》様が、どういう神様であるかというのは、ご認識があったわけですか。

出口なお　艮の金神は、「祟《たた》り神」だろ？

酒井　「祟り神」というご認識はあった、と。

出口なお　うん。だから、これについては、いろいろ聞いて回ったんだけどのお。霊能者《れいのうしゃ》や、そういう霊能教団にのお、「艮の金神って何じゃ」って聞いて回ったけど、「そういうのは、キツネ、タヌキの類《たぐい》じゃろう」ぐらいしか言うてくれんで。誰《だれ》も正体がよく分からんかったんで。

まあ、二代目の出口王仁三郎《おにさぶろう》が、「艮の金神は、国之常立神《くにのとこたちのかみ》だ」と言うてのお、まあ、そういうことにしておったでのお。

国之常立神なら、『日本書紀《にほんしょき》』の最初の神になるわなあ。始原の、この国の始まりの神っちゅうことにはなるわのお。

酒井　はい。

出口なお　ただ、それであってもやのお、「日本の始まりの神様のほうが、大本《おおもと》

●国之常立神　『日本書紀』では、天地開闢《かいびゃく》の際に、最初に現れた神とされ、『古事記』では、天御中主神《あめのみなかぬしのかみ》や高御産巣日神《たかみむすひのかみ》など五柱の「別天津神《ことあまつかみ》」の次に現れた「神世七代」の最初の神とされている。

を開いた」ということになれば、やっぱりそれは、天皇御《ご》親政の明治政府にとっては、危険は危険だわのお。

酒井　危険ですね。それはもう、『古事記《こじき》』『日本書紀』の新たなものができるようなお話ですね。

出口なお　そういうことだなあ。そしたら、わしが、天照《あまてらす》か何かになってまうからなあ、たぶんなあ。

酒井　一つ疑問なんですが、「鬼門《きもん》」のことです。艮の金神の神様は、鬼門に封《ふう》じ込《こ》められていた神様ですよね。

●鬼門　陰陽道で、「鬼が出入りする」と言われ嫌われている艮の方角（北東）のこと。

出口なお　いや、誰も分からないんだから、そらあ、よく分からんけど。そう名乗っとるということだのお。

酒井　名乗ってる。

出口なお　「お筆先《ふでさき》」を降ろしとる神様の名前は……、まあ、神様も〝ペンネーム〟をお使いになるでな。ほんとの名前は名乗らない。「天理王命《てんりおうのみこと》」と言う人もおったしな。「天地金乃神《てんちかねのかみ》（金光教《こんこうきょう》）」みたいなことを言ったりなあ。まあ、いろいろ、黒住《くろずみ》（教《きょう》）もそうだったかもしらんが、みんな、分からない。「本名《ほんみょう》を語らず」ということが多いのでな。

酒井　うーん。

出口なお　うちは、どうも「艮の金神」っていうことだから、「なんぞ、災《わざわ》い・祟りが来るらしい」っちゅうことぐらいは分かった。どこに来るのかは、そら分からんかったかなあ。

酒井　ただ、そのあとの歴史を見ると、大東亜《だいとうあ》戦争等で、アメリカから原爆《げんばく》を落とされたり、そういうことが起きたわけなんですよね。

出口なお　うーん。

酒井　だから、「日本の危機を予言していた」といえば、それはそれで、予言されていたのかなあという見方もあるんですけれども。

出口なお　王仁三郎とかは明るいのお、快活《かいかつ》な人間じゃったんじゃがのお。まあ、人気もあったんだがのお。

酒井　ただ、最初、あなた様の『大本神諭《しんゆ》』が不敬罪に当たるというところから始まったはずなんですよね。

出口なお　まあ、そら、そうやろうねえ。そら、そうやなあ。けっこう明治も厳しかったでのお。だから、新しい宗教に対してすごい厳しかったし、まあ、江戸《えど》時代から続いておったでなあ。明治維新《いしん》の前から、いろんなものが起きておったんだろうがなあ。不敬罪のお。まあ、あんたらだって、不敬罪はいっぱいやっとるだろうからさあ。

酒井　今は、不敬罪はありませんので。

出口なお　まあ、うーん。

酒井　要するに、当時、「天皇に成り代わろうとしてるように読み取られた」ということですよね。

本当に「革命を起こしたい」と考えていたのか

酒井　あと、もう一つ大きいのは、人をそうとう引きつけたことです。

出口なお　うん、うん。

酒井　上層部から、国の中枢《ちゅうすう》のほうから、庶民《しょみん》から、いろいろ。

出口なお　まあ、海軍とかな。

酒井　はい、秋山真之《あきやまさねゆき》ですね。

出口なお　皇室な。皇室関連までな。

酒井　皇室もそうですね。

秋山真之（1868 ～ 1918）
日本海軍中将。陸軍大将の秋山好古の弟。日露戦争ではロシアのバルチック艦隊を迎撃し、日本を勝利へと導いた。

出口なお　ちょっと、そういう方まで入ってき始めたからなあ。だんだん大きくなってきたらなあ。

それでちょっと、よう警戒《けいかい》されたわなあ。

酒井　まあ、出口なお様はどうお考えだったか分かりませんが、集まってこられた方々は、日本をどうしたいと思われていたんでしょうか。やっぱり、「革命を起こしたい」とか、「天皇制を変えたい」とか、そういうところまで考える人は出てきたんでしょうか。

出口なお　まあ、日本神道《しんとう》っていうのは、あんまり「教えのない宗教」でな。形を中心にする宗教だったたんだけども。私らからは、「革命思想」と「滅《ほろ》びの思想」が出ていたからなあ。「『お立直し』（革命）をしなければ滅びるぞ」ということだろ、因果《いんが》関係としてはな。

酒井　そうですね。

出口なお　「神の言葉を聞いて、お立直しをしなければ滅びるぞ」ということを言ったら弾圧《だんあつ》を受けた。あなたがたも、たぶん心当たりがあるんだろう、これだと。

酒井　ただ、私は以前、『大本神諭』を読んだんですけど、「滅びるぞ」「お立直しだぞ」とあるのですが、「具体的にどうすればいいのか」は書いてないんですよ。

出口なお　いや、そりゃそうだ。そりゃそうなんだよ。

酒井　だから、どうしていいか分かりません。

出口なお　そりゃ、書けるほど、わしも知らんからさあ。

酒井　それだったら、単に予言してるだけですよね、「日本が滅びてしまう」と。

出口なお　うーん。

酒井　まあ、そのなかに、幾《いく》つか、「日本の心を取り戻《もど》せ」とかいうことは書いてありますけれども、具体的にどうしたらいいのかは分かりません。

これだと、いかようにも解釈《かいしゃく》できてしまいます。

出口なお　だから、何かねえ、ここ（幸福の科学）の教祖は言っておるがね、「不幸の予言をした人は不幸になる」らしいな。それは知らんかった。

酒井　知らなかった？

出口なお　うん、うん、うん。それは知らんかった。

終末《しゅうまつ》予言としての『大本神諭《しんゆ》』

酒井　その予言は、艮の金神様から来ていたのか、それとも、ご自身のビジョンとしても何か見えたんですか、そういう不幸なものが。

出口なお　いやあ、もう、〝完全強制憑依《ひょうい》〟みたいなもんや、と。

酒井　強制憑依。

出口なお　ガーッとかかってきて、やらされている感じが。

酒井　『大本神諭《しんゆ》』を読んでいると、「この世の終わり」みたいなことが……。

出口なお　まあ、終末《しゅうまつ》予言だなあ。

酒井　「そのあと、何かが起こるんだ」と。

出口なお　だけど、終末的現象は、あったことはあったんだな。関東大震災《だいしんさい》や、先の戦争による壊滅《かいめつ》的な国土の荒廃《こうはい》というのは、日本の歴史を通して二、三千年見りゃあ、まあ、終末予言に当たるだろう？　それこそ、「この世の終わり」に当たるようなことであるから。

酒井　はい。

出口なお　まあ、「この世の終わりを告げる預言者的な宗教家が出てきて、伝えた」っていうことだから。

いやあ、「ノストラダムスの何とか」で、いろんな人が言ったときも同じだろうけどなあ。

酒井　そうですねえ。

出口なお　だから、宗教の運動としては、起こるべくして起きたもんであるとは思うけど。「社会を不安に陥《おとしい》れる」っていうところは、そらあなあ、官憲《かんけん》がわしらを襲《おそ》ってきて、潰《つぶ》したくなった理由ではあろうなあ。

酒井　それに対して、なぜ、何か「考え方」を提示することをしなかったのでしょうか。

出口なお　うん？　「考え方」を提示？

酒井　要するに、反論です。「そんなことは考えていない。国を転覆《てんぷく》させるとか、天皇制を崩壊《ほうかい》させるとか、そんなことは考えていないんだ」というようなことは言わなかったんですか。

出口なお　いやあ、わしは言うてないが、王仁三郎のほうは、「古代の世界のメシアも日本の天皇に拝謁《はいえつ》に来ていた」とか、「日本が世界の中心だった」みたいなことを言うとるんだがなあ。

酒井　はい。

出口なお　それは、天皇制から見りゃあ、喜んでもいいようなことではあったんだけども、それを、全体的には「危険思想」と見たということかなあ。

酒井　はい。

明治維新《いしん》前後の時代の変化について訊《き》く

武田　出口なおさんのお生まれになった時代を見ますと、明治維新《いしん》を起こした志士たちとほぼ同じぐらいの年代なんですね。

出口なお　うん。

武田　維新の前は福知山《ふくちやま》のほうにおられたと思います。そして、天の声が降りてきたのは五十歳《さい》を過ぎてからですが、明治維新というものをどのように見ながら、そこまで生きてこられたかというところについて、何かございますでしょうか。

出口なお　わしらには、特になあんも関係なかったな。

武田　何も関係ないですか。

出口なお　うーん、関係ない、庶民は。あんまり関係がないがのう。

武田　つまり、明治維新前の江戸幕府の時代と、新たな明治維新政府の時代は、時代が変わってもまったく関係なく、特に変わらなかったのですか。

出口なお　そんなに関係がないが、それもただ、近くの京都の都《みやこ》がなあ、戦場になって、都として捨てられて、東京に移ったっちゅうことはあるけどなあ。

だから、時代が変わったっていうことは大きいかもしらんが。わしらにとっては、生活がようなったわけでも何でもなかったわなあ。
ただ、外国のな？　〝あれ〟がいっぱい入ってきとったでなあ、神様の思想も入ってきとったで。何か、日本の心を失ってしまうんでないかっちゅうような感じは、ちょっとあったかなあ。

酒井　そうですね。お筆先にも、そこはかなり出ていますよね。

出口なお　うーん、そうだ。だから……。

酒井　外国に対しても……。

出口なお　そうよ。

酒井　はい。

出口なお　やっぱ、牛鍋《ぎゅうなべ》食べたら、ねえ？　牛の角《つの》が生《は》えてくるんじゃないかと思うような時代であったでなあ。うーん。

酒井　まあ、そういう意味では、明治維新の流れも汲《く》んではいるわけですよね？

出口なお　そうなのよ。全部、離《はな》れてるわけではない。

酒井　そうですよね。

4 出口なおは今、霊界《れいかい》で〝岩戸隠《いわとがく》れ〟をしている⁉

今、真《ま》っ暗《くら》な岩戸のなかに隠《かく》れている

酒井　このあと、艮《うしとら》の金神《こんじん》様にも少しお訊《き》きしたいと思っているんですが、霊《れい》的《てき》なところについていてお聞かせいただけますでしょうか。

出口なお　うーん。

酒井　出口なお様は、あの世、今の世界で、どういう方々とご一緒《いっしょ》にいらっしゃいますでしょうか。例えば、教派神道《しんとう》の教祖の方々とご一緒にいるとか、そうい

うことはありますか。

出口なお　何か、今、〝岩戸隠《いわとがく》れ〟しとるようなんだけど。

酒井　〝岩戸隠れ〟している？

出口なお　うーん。〝岩戸隠れ〟しとる感じがするがな。

酒井　例えば、中山《なかやま》みき様とはお会いになりますか。

出口なお　いやあ、〝岩戸隠れ〟してる感じがするから……。

酒井　会われない？

出口なお　わしは、もしかしたら天照大神《あまてらすおおみかみ》なんかなあ、やっぱ。

酒井　〝岩戸隠れ〟ということは、周囲に人があまりいないんですか。

出口なお　うーん、岩戸に隠れとるんじゃあ。牢屋《ろうや》ではないと思うんだがなあ。岩戸だろうと思う。

酒井　それでは、明るさはどれくらいですか。

京都府福知山市には、伊勢神宮の元宮《もとみや》といわれる皇大神社と豊受大神社と共に、天岩戸神社（写真）があり、櫛御毛奴命《くしみけぬのみこと》（須佐之男命）が祀られている。

出口なお　え？　真《ま》っ暗《くら》や。

酒井　岩戸は、真っ暗？

出口なお　うん。

酒井　どなたかとお会いになったことはありますか。

出口なお　いや、岩戸のなかに隠れとるでな。

酒井　いらっしゃる？

出口なお　うん。岩戸を閉めて入っとるから。

酒井　とすると、出口王仁三郎《おにさぶろう》さんとはお会いにならないんですか。

出口なお　うーん。岩戸のなかにおるでなあ。

酒井　呼びに来ない？

出口なお　うん。出口王仁三郎は何しとるんかのう。

酒井　会われない？

出口なお　うーん。

酒井　あの世に還《かえ》られているのはご存じなんですよね？

出口なお　まあ、そらあ、そうだろう。だから、「珍《めずら》しい」って言うたやろうよ。わしが呼び出されたって、珍しい、な。

酒井　ああ、そういうことですか。

出口なお　だから、ど、ど、ど、どこにも出ない。

酒井　では、お亡《な》くなりになってから、人に会われていない？

出口なお　どこにも出てないからさ。

酒井　そうですか。

出口なお　うん。いや、わしを呼べるような人はおらん、おらんからさ。

酒井　はい。

出口なお　岩戸のなかにいる者を呼び出せないでなあ。

酒井　なるほど。

「艮《うしとら》の金神《こんじん》様は、何しとるんだろうなあ」

酒井　出口なお様は、ご自身の「魂《たましい》のごきょうだい」や「転生輪廻《てんしょうりんね》」のことなどはお分かりになりますか。

出口なお　そんなん、分かるわけない。

酒井　分からない？

出口なお　まあ、たぶん、天照大神様がわしを使って何か仕事をしておられて、また岩戸に戻《もど》られたんかいなとは思っておるが。

酒井　いやいや。そういうことはないんですけれども。

出口なお　うん？　ない？　ふーん。

酒井　その岩戸がどのあたりにあるかはお分かりになりますか。

出口なお　それが分かるわけはないだろう。

酒井　分からない？

出口なお　うん。

酒井　例えば、（本部のあった）綾部《あやべ》の近くにあるとか。

出口なお　たぶん、まあ、そちらのほうのどっか、丹波《たんば》の山んなかか、どっかの岩のなかじゃないかな。何か、これは〝つくった〟んと違《ちが》うかなあ。

酒井　ああ、そうですか。では、人と話したのは本当に久しぶりですか。

出口なお　人とは話せんなあ。

酒井　話せない？

出口なお　うーん。

酒井　それでは、「最近のこと、現代の日本がどうなっているか」とかいうことは、ご存じではない？

出口なお　まあ、今、ちょこちょこ接触《せっしょく》が始まって、ちょっと聞いてはおるけどなあ。

酒井　接触？　それはどなたから聞いているんですか？

出口なお　ええ？

酒井　どういう筋《すじ》から、その情報を取っていますか。

出口なお　うん、いやあ、あなたがたはいろんな宗教を好きなんだろう？

酒井　はい。

出口なお　だから、ちょこちょこと、まあ、それはときどきなあ、何か、旅人《たびびと》が来て、話して帰る。

酒井　旅人？

出口なお　うん。ちょっとはあるでの。

酒井　ああ。旅人はどんな姿をされていますか。

出口なお　知らん。

酒井　知らない人ということですか。

出口なお　よく分からん。

酒井　艮《うしとら》の金神《こんじん》様とは、そのあと、接触はないんですよね？

出口なお　うーん、金神様は、何しとるんだろうなあ。艮の方向におるんだろうとは思うんやがな。艮って、艮はどっちだろうねえ？　うーん。

酒井　ただ、艮の金神様も封《ふう》じ込《こ》められていたわけですよね？

出口なお　ああ、そうなんだよ。そうなのよ。

酒井　はい。

出口なお　長く封じられとったのが、封印を破って出てきたら、もう一回やられて、もう一回、封印され……。

酒井　封印されてしまったという……。

出口なお　うん。

今、人とあまり会えないのは「封印《ふういん》された神」だから？

酒井　そうですか。では、霊的にはあまり深い交流がなく、その他、大勢の方との交流もなく、お一人で……。

出口なお　王仁三郎は、どっかでは〝飛んだり跳《は》ねたり〟しとるんだろうとは思うんだが……。

酒井　ああ、そうですね。

出口なお　付き合いはないで、今。

酒井　失礼な言い方かもしれませんけれども、今、いらっしゃる世界は「暗い世界」とのことですので……、もしかしたら、そこが天国かどうかというのはご自身で分かりますか。

出口なお　いやあ、そういうもんじゃない。やっぱり、神を封印《ふういん》するっちゅうことが日本では行われることがあるんでなあ。

酒井　はい。

出口なお　だから、うーん、この世の神を解《と》き放《はな》つときと、隠してしまうときがあるから。「封印される神」っていうのは、まあ、あるわけよ。時代によってはなあ。

酒井　そういう神様は……、まあ、「祟《たた》り神」というふうにも言われますが、日本以外での過去世《かこぜ》のことについては、何か思い出はないでしょうか。例えば、ユダヤであるとか、世界のどこかにいらっしゃったというような。

出口なお　うーん……。分からんなあ。

酒井　分からないですか。

出口なお　おばはん、田舎《いなか》のおばさんには、それはむつかしい。

酒井　それでは、出口なお様はここまでとさせていただきます。

出口なお　うん。

酒井　これから、艮の金神様をお呼びしますので、それもお聞きいただければと思います。

出口なお　ああ、そうか。うん、うん、うん。

酒井　はい。ありがとうございました。

大川隆法　（手を二回叩《たた》く）はい。

出口なおさんは、これ以上はいかない感じですね。

第2章

艮《うしとら》の金神《こんじん》の霊言《れいげん》

二〇一六年六月二日　収録

東京都・幸福の科学　教祖殿《きょうそでん》　大悟館《たいごかん》にて

艮《うしとら》の金神《こんじん》

古くから陰陽道《おんみょうどう》に伝えられる猛悪《もうあく》の祟《たた》り神。「艮」とは東北の方角で鬼門《きもん》に当たり、「金神」とは祟り神のこと。

質問者　※質問順

酒井太守《さかいたいしゅ》（幸福の科学宗務《しゅうむ》本部担当理事長特別補佐《ほさ》）

武田亮《たけだりょう》（幸福の科学副理事長　兼《けん》　宗務本部長）

［役職は収録時点のもの］

1　鬼門《きもん》を意味する「艮《うしとら》の金神《こんじん》」の役割とは

大本教主宰神《おおもときょうしゅさいしん》・艮の金神を招霊《しょうれい》する

大川隆法　では、「大本教を指導した」と言われている、艮《うしとら》の金神《こんじん》を呼びます。

出口王仁三郎《でぐちおにさぶろう》は、艮の金神を、「国之常立神《くにのとこたちのかみ》だ」と霊査《れいさ》していたわけですが、それが本当かどうかも、もちろん、もう一回調べてみる必要はあるのかとは思います。

あるいは、いろいろな神々の集合の〝ペンネーム〟だった可能性もないわけではないでしょう。

（合掌《がっしょう》し、瞑目《めいもく》する）

では、大本教の主宰神《しゅさいしん》でありました、艮の金神をお呼びしたいと思います。

大本教の主宰神でありました、艮の金神よ。

どうぞ、幸福の科学 教祖殿《きょうそでん》に現れたまいて、その心の内を明かしたまえ。

艮の金神よ。その心の内を明かしたまえ。

艮の金神よ。その心の内を明かしたまえ。

金神の想像図

古くから強烈な祟《たた》り神として恐れられてきた金神。陰陽道において、金神は年月や季節によって遊行《ゆぎょう》する神とされ、そのときの方位が大凶方に当たると考えられてきた。さらに、そのなかでも「鬼門にいる金神」こそ最も強い祟りがあるとされた。鬼門とは鬼が出入りする北東の方角（丑寅《うしとら》）のこと。ここから「艮《うしとら》の金神」が恐れられるようになった。古来より日本では方違《かたたがえ》をしたり、都から丑寅の方角に強い神仏を祀《まつ》って鬼門封じを行うならわしとなっている。（絵：柄澤照覺著『安部晴明簠簋内伝《ほきないでん》図解』神誠館刊）

「わしの世に、またなったぞよ」と言って現れた艮の金神

艮の金神　ハッハッハッハッハッハッハッ……。ハッハッハッハッハッハッ。

酒井　おはようございます。

艮の金神　わしの世に、またなったぞよ。ホッホッホッホッホッホッホッ。

酒井　あ、そうなったんですか。

艮の金神　ああ。

酒井　それは、どういうことですか。

艮の金神　また出てきたぞよ。ハッハッ。

酒井　「出てこられた」ということですよね？　出口なお様に霊示《れいじ》を送られてからあと、初めてということで、よろしいでしょうか。

艮の金神　ああ。また、〝出口〟ができたかな。ハハハハハハ。（質問者に）おまえらも法名《ほうみょう》をもらえよ。（酒井を指して）おまえなあ。

酒井　「出口○○」とか……。

艮の金神　うん。「出口」をもらえ、「出口」。「出口トド」とか、そういう法名をもらうといいよ。

酒井　（苦笑）要するに、「出口」が欲《ほ》しい方なんですね？

艮の金神　（酒井を指して）「出口トド」、（武田を指して）「出口メ」とかで、（二人を指して）「出口トドメ」とか。ハッハッハッハッハッハッハッ。愉快《ゆかい》じゃ。

酒井　（笑）面白《おもしろ》い方でいらっしゃいますね。

艮の金神　愉快、愉快。ハッハッハッ。

酒井　愉快な方で、何となく、（出口）王仁三郎様と意気投合《いきとうごう》しそうな……。

艮の金神　うん。そうだなあ。まあ、近いかなあ。

酒井　近い？

艮の金神　うん、うん。

酒井　では、王仁三郎様とは、最近もお話しされているんですか。

艮の金神　まあ、それは、話はできるよ。

無学な出口《でぐち》なおを選んだのは「証明」のため

酒井　先ほど、出口《でぐち》なお様をお呼びしたんですけれども、真《ま》っ暗《くら》なところにいらっしゃると……。

艮の金神　いやあ、大弾圧《だいだんあつ》を受けてねえ。大本教もひどい目に遭《あ》って、子孫《しそん》もずいぶん投獄《とうごく》されてたし、まあ、獄死したり、発狂《はっきょう》したり、いろいろしとるでなあ。

酒井　はい。

艮の金神　日本にも、暗い時代はずいぶんあったでなあ。まあ、予言して、暗い目に遭ったら、開《ひら》いた〝貝〟は閉《と》じるわな。それだけのことやなあ。

酒井　ご本人（出口なお）が、もう閉じてしまっている、と？

艮の金神　うーん。閉じておる。まあ、しばらく休んどるんだろう。

酒井　それを通信されていた艮の金神様は、妙《みょう》に明るい感じでございますけれども……。

艮の金神　うーん、ちょっとなあ。〝機械〟がちょっとだけ悪かったでなあ。

酒井　〝機械〟？

艮の金神　だから、〝通信機械〟（出口なおのことを指す）が、ちょっと悪かったで。わしの、このスケール大きな思想は受け止めかねたんだなあ。

酒井　なぜ、出口なお様を選ばれたんですか。

艮の金神　うん？　なぜ選んだかって、うーん、まあ、出やすかったんだろうなあ。

酒井　霊媒《れいばい》の方に、もう少しいろいろな知識があれば、もっともっと詳細《しょうさい》に、おっしゃりたいことを伝えることができたはず……。

艮の金神　いや、それは、まあ、君らはな、現代の人だからそういうふうに思うんだけども、わしらがやったときは、やっぱり、「そういう知識を持っとらん人に神がかかったら、スーパーマンみたいに異常な能力を発揮する」っていうのが証明だったわけだから。

酒井　ああ、「証明の一環《いっかん》」として選ばれたんですね。

艮の金神　うん。だから、だいたい、そういう無学な人を選んで出るんだなあ。

酒井　なるほど。

時代を終わらせる役割を持つ艮の金神

酒井　艮の金神様は、基本的には、「祟《たた》り神」と言われております。艮の方向というのは「鬼門《きもん》」ですよね？

艮の金神　それは、言う人の勝手だわな。しかし、日本は艮の方向に伸《の》びとる列島であってなあ。日本列島はなあ、沖縄《おきなわ》から見て、全部、艮の方向なのよ。

酒井　まあ、そういうことも言えますけれども、なぜ、あえて日本のなかで鬼門と言われている「艮」という方角を語って出てこられたんですか。

艮の金神　うーん。なぜかと言うても、「役割」だから、しょうがないわなあ。

酒井　役割？

艮の金神　そう生まれついとるんだから、しょうがないよ。

酒井　生まれついている？

艮の金神　うん。うん。

酒井　艮の金神の役割とは、どういうものなんでしょうか。

艮の金神　「時代を終わらせる役割」だわ。

酒井　時代を終わらせる？

艮の金神　うん。過去も、何度もやったよ。

酒井　過去もやられた？

艮の金神　うん。

酒井　それは、日本だけではなくて？

艮の金神　まあ、日本が多いけどね。

酒井　例えば、どういう時代に、何をされたんですか。

艮の金神　うーん？　だからさあ、まあ、難しいことはいいじゃんか。いろいろな時代があるだろうから。

酒井　そうですね。

艮の金神　滅《ほろ》びたことも……、まあ、全盛期があって、滅びるじゃない？

酒井　はい。

艮の金神　そういうときに、ちょっと、コンコンコンコンッと、なあ？　サンタクロースのように訪《おとず》れて、ポイッとプレゼントを一つやると、たちまち没落《ぼつらく》が始まって、今までの強運だった運勢がスーッと衰《おとろ》えて、〝次の人〟が出てくる、と。まあ、こういうことやな。

「時代の扉《とびら》を閉めたり開けたりするときに立ち会っている」

酒井　あなた様には、そこまでの力があられるんですか。

艮の金神　うん、あるんだよ。

酒井　あられるんですか。

艮の金神　例えば、豊臣秀吉《とよとみひでよし》なんて、すごい隆盛運《りゅうせいうん》を持っとったけど、（右手でノックするしぐさをしながら）わしがコンコンッとして、プレゼントを袋《ふくろ》から開けて渡《わた》してやれば、たちまち、〝狐憑《きつねつ》き〟と言われるようになって、没落してしもうたね。

酒井　なるほど。

艮の金神　（徳川《とくがわ》）家康《いえやす》の時代が来ただろ、な？

酒井　はい。

艮の金神　平清盛《たいらのきよもり》なんかも、全盛を極《きわ》めて、天皇になるかっていうぐらいだったが、（右手でノックするしぐさをしながら）わしが、コンコンコンッとして渡したら、もう、あっという間に、源氏《げんじ》の時代が来た。

酒井　なるほど。

艮の金神　こんなような感じで、いつも、わしは、「時代の扉《とびら》」を閉めたり開けたりするときに立ち会っとるんだ。

酒井　そういうお役割があるんですね。

ただ、『大本神諭《しんゆ》』のなかでは、この次の世界が来る、と。立直《たてなお》しがなされて、「末代《まつだい》まで続く神の国にするぞ」というようにおっしゃっていたんです。

艮の金神　そうなのよ。そうなんだ。だからね、先の大戦で負けるのは予言したんだけども、君たちが大勢力を築いて、新しい神の世をつくるっていう、幸福な時代を予言したわけよ。

酒井　そういうことでもあるんですか。

艮の金神　うーん。

酒井　ただ、その前に、滅ぼすものも必要なわけですね？

艮の金神　「先の時代」を滅ぼさないと、「次の時代」が来ないでしょ？　だから、それはしかたない。

酒井　（『大本神諭』にある）「三千世界」という言葉を、もっと解釈《かいしゃく》すると、世界中の話でもあるんですよね。

そして、「世界は日本が治めるんだ」ということにもなっているんですけれども、このあたりまで見据《みす》えたんですか。

艮の金神　「三千世界」は、そりゃあ、「一念三千《いちねんさんぜん》の世界」じゃないか！（両手で膝《ひざ》を叩《たた》く）何を言っとるんだ。

酒井　まあ、この世界だけではなくて、（あの世も含《ふく》む）「すべて」ですよね？

艮の金神　うーん。

明治維新《いしん》や日本の神々について、どう考えているか

武田　明治時代、明治政府に対して、特別な意見があったということなんですか。

艮の金神　うーん……。いや、明治維新《いしん》も、旧《ふる》い時代の天皇制をかたちだけ引っ張り出して、頭の上に載《の》っけた。「冠《かんむり》」にしてな？　「錦《にしき》の御旗《みはた》」として、戦《いくさ》に勝つためにやったけど、本心からの宗教回帰《かいき》ではなかったんでないかなあと思うんだよなあ。

だから、やっぱり、ちゃんとした神々による「お立直《たてなお》し」は、キチッとやらないといかんのでないかなあと。

武田　日本神道《しんとう》の神々のなかには、明治維新や明治以降、時代を指導していた

方々も、きっと多くおられると思うんですが、そういう方々と艮の金神様の関係というのは、どういう関係なんでしょう?

艮の金神　「滅び」は、たくさんあったわねえ。
幕府が滅びたし、維新を仕掛《しか》けてる側も、ずいぶん滅びたところもあるし、大勢の人が死んだわなあ。
そういう意味では、滅びのなかから不死鳥《ふしちょう》が蘇《よみがえ》ってくるような、そういうのが、まあ、立場だなあ。

武田　では、「創造」というよりは、「破壊《はかい》」のほうなんでしょうか。

艮の金神　うーん?　両方だよなあ。

武田　両方？

明治をつくるときには、指導はしていなかったということですか。

艮の金神　まあ、同時代に活動しておった。

武田　そうですね。

艮の金神　いやあ、それは、あちこちしとるよ。だけども、神様の数が多いでな。

武田　うーん。

艮の金神　神様の数が多いので、〝政党〟がたくさんあるわけよ。
私は、〝艮党《うしとらのとう》〟だからさ。〝艮党〟として活動しておったからな。

2　艮の金神と国之常立神《くにのとこたちのかみ》は同一の神ではない!?

「眷属《けんぞく》には、修験道《しゅげんどう》で修行《しゅぎょう》を積んでいた人が多い」

武田　お一人でしょうか。

艮の金神　え?

武田　どなたか、日本の神々の方と一緒《いっしょ》にやられていたんでしょうか。それとも、お一人ですか。

艮の金神　それは、多少、まあ、眷属《けんぞく》は誰《だれ》だって、みんな持っとるからね。それは、いるよ。

武田　具体的に、われわれが分かる神の名というのはあるんでしょうか。

艮の金神　うーん。まあ、神々は名を隠《かく》すからね。本当の名前は出さないのが多いから……。まあ、だいたい、修験道《しゅげんどう》あたりで修行《しゅぎょう》を積んどったような人たちが、眷属で多いかなあ。

武田　そうしますと、具体的に、例えば、天照大神《あまてらすおおみかみ》様とは、どういう関係になるんでしょうか。

艮の金神　えへーっ……。
天照は、うーん……。東から昇《のぼ》って西に沈《しず》む。うん。東から西。艮は北東。うん。

武田　その心は？

艮の金神　うーん……。何じゃろなあ？　いや、分からん。

武田　（苦笑）分からん？

艮の金神　うん。

「艮の金神」と「国之常立神《くにのとこたちのかみ》」の関係とは？

酒井　日本神道《しんとう》の、ほかの神様はご存じですか。単刀直入に言いますと、国常立《くにのとこたちの》尊《みこと》（国之常立神《くにのとこたちのかみ》）とは、どういうご関係なんですか。

艮の金神　うん？　国常……。

酒井　国常立尊とのご関係は？

艮の金神　国常立尊との関係？　うーん……。国常立尊との関係……。まあ、それは、「建国《けんこく》の神」

出口王仁三郎の揮毫《きごう》である「国祖国常立尊」（『霊界物語』）。

っていう意味じゃないのか？

酒井　いや、「どういう神様か」を訊《き》いているのではなくて、あなたとの関係を訊いているんですけれども。

艮の金神　うん？

酒井　あなたが建国の神だということですか。

艮の金神　いやあ、だから、常に国を建《た》てる、その、まあ、何て言うの？　基盤《きばん》になる土台工事？

酒井　はあ。

艮の金神　基礎《きそ》工事して家を建てる、その〝基礎工事の神〟が国之常立神なんじゃないの？

酒井　なるほど。あなた様も？

艮の金神　いや、わしは〝家を壊《こわ》す神〟じゃないか。

酒井　あっ、違《ちが》うんですね？

艮の金神　うん？　違う？

酒井　「建てる人」と「壊す人」は違いますけれども。

艮の金神　いやあ、別に、それは〝セット〟になってもできるんじゃないか。

酒井　あっ、セットなんですか。

艮の金神　それはそうでしょう。

酒井　では、一緒に活動されているというか、壊したあと、家を建てる方が「国常立尊」で、壊す方が「艮の金神様」ということでいいんでしょうか。同一の神様ではないんですか。

艮の金神　うーん……。まあ、君ねえ、世の中のものはね、仏教と同じでね、みんな滅《ほろ》びるわけよ。滅びてくれるがゆえに、「新しいもの」が出てくるわけな？

酒井　はい。そうですね。

艮の金神　葉っぱが地面に落ちて、腐《くさ》って土に還《かえ》る。その養分を吸って、また芽が生《は》えて、木になって、なあ？　葉っぱを茂《しげ》らせ、花を咲《さ》かせて散る。な？

酒井　はい。

艮の金神　こういう意味で、成長するところが好きな人もおるかもしらんし、花を咲かすところが好きな人もおるかもしらんけど、落ちたものをまた土に還して、風化させていく力も要《い》るわけよ。

だから、まあ、わしは、仏教的に言えば〝諸行無常《しょぎょうむじょう》の神〟なわけよ。

酒井　そうですね。現代的に行くと、やはり、イノベーションの「創造的破壊《はかい》」のような、そういうことでいいんでしょうか。

艮の金神　うん。とにかく、わしからプレゼントをもらって一口《ひとくち》食ったら、君たち、それは「黄泉《よみ》の国」へ行くことになるのじゃ。アッハッハ（笑）。

酒井　ああ、そういう方なんですね。なるほど。

艮の金神　いや、必要なのよ。それがないと、国が変わらないからね。

酒井　分かりました。

3　「お立直《たてなお》し」とは結局、何だったのか

艮の金神の日本神道《しんとう》系における位置づけとは

酒井　それでは、当時の時代背景に入っていきたいと思います。明治から世界大戦まで行く流れがありましたが、大本教《おおもときょう》は、そこのところでの予言で弾圧《だんあつ》を受けたわけですよね。

「火の雨が降る」とか、そういうことを言っておられましたが、本当に伝えたかったことや意図《いと》は何ですか。

艮の金神　うーん……。それは、君たちが考えていることと一緒《いっしょ》じゃないかなあ。

「神様の自己実現」を妨《さまた》げたる者には祟《たた》りが来る。うーん！

酒井　神様の自己実現？　では、当時の神様のご意図とは、どういうものだったんでしょうか。

艮の金神　だから、出《しゅつ》エジプトのモーセの心みたいなもんだったかなあ。

酒井　それは、どんな……。

艮の金神　やっぱり、祟りをエジプトにいっぱい降ろしてでも、ちゃんと建国せないかんかったからな。

酒井　ああ……。それは、当時の明治天皇の御心《みこころ》ということでいいんでしょうか。

艮の金神　うーん？

酒井　あるいは、その指導をされていた日本神道《しんとう》の神々のご意向を受けて……。

艮の金神　やつらはなあ……。

酒井　やつら？

艮の金神　やつらはちょっとな、徒党を組んでなあ、威張《いば》る癖《くせ》があるでなあ。

酒井　それは、どなたのことですか。

艮の金神　やつらだよ。

酒井　天御中主神様《あめのみなかぬしのかみ》ですか？

艮の金神　うん。まあ、やつらだ。

酒井　天照大神様《あまてらすおおみかみ》とか？

艮の金神　うん。まあ、やつらだなあ。

酒井　（苦笑）徒党を組む？

艮の金神　徒党を組む癖があるから、いかんな。

酒井　高天原《たかまがはら》というのは、徒党を組むというか、みなさんご一緒なのではないですか。

艮の金神　うーん。だから、〝高天原国会〟で徒党を組む癖があるからな。

酒井　では、あなたは、高天原ではない？

艮の金神　うん？　わし？　わしは、それは……、うーん……。まあ、君らみたいなもんだなあ。

酒井　君ら？

艮の金神　街宣車に乗って、国会の前で叫《さけ》んどるほうかなあ。

酒井　ちょっと待ってください。神道系のなかの位置づけとして、あなた様は、高天原に向かって、街宣車で何かしている感じなのですか。

艮の金神　いやあ、よく似とるといえば、やっぱり、古代のユダヤなんか、よく似てるなあ。

酒井　ユダヤですか。

艮の金神　「祟り神の歴史」じゃないか。なあ？

酒井　なるほど。

艮の金神　信じない者は次々と滅《ほろ》ぼしていくよな、祟りで。
「じゃあ、私は〝国《くに》之《の》底《そこ》抜《ぬけ》神《のかみ》〟だな」

酒井　そうしますと、やはり、それは、当会の考え方によると、「裏の神様」ということになりますし……。

艮の金神　「裏」も「表」もあるものか。神は顔が二つあるんだからさ。

酒井　ああ、なるほど。

艮の金神　「優《やさ》しい顔」と「怖《こわ》い顔」。なあ？　「ご褒美《ほうび》をくれる神」と「罰《ばち》を与《あた》える神様」。

酒井　国常立尊《くにのとこたちのみこと》は、表の神様なんですけれども……。

艮の金神　あ、そうなのか。

酒井　はい。高天原にも存在されているんですけれども……。

艮の金神　ふうーん。へえ、そうかい。

酒井　はい。

艮の金神　そうかい。

酒井　え？　違《ちが》うんですか。

艮の金神　いやあ、じゃあ、私は〝国之底抜神《くにのそこぬけのかみ》〟だな。

酒井　（苦笑）

艮の金神　国之底抜神。

酒井　そうなんですか。

艮の金神　うーん。

酒井　では、霊的《れいてき》なつながりは、ない？

艮の金神　うん？

酒井　あるんですか？　国之常立神と。

艮の金神　まあ、それは、だから、表と裏だって言ってるじゃない。百円玉の表と裏は図案が違うだろ？

酒井　それは、神道系全体の裏ではなくて、「国之常立神の裏」ということなんですか。

艮の金神　よう分からんなあ。

酒井　分からない？

艮の金神　（酒井に）君は、教団の表か裏かどっちだね？

（酒井を指して）どっちかというと、裏だろうが。うん？

酒井　（苦笑）なぜ、あなたはそういう……。

艮の金神　宗務《しゅうむ》本部って裏だろ。な？　裏教団だ、これな。

酒井　裏教団なんですか。

艮の金神　表教団っていうのが五反田《ごたんだ》にある。裏教団はここに今、ある。

酒井　こちらが裏……。まあ、そういう考え方……。

艮の金神　（酒井を指して）要するに、君みたいな立場なわけよ。

酒井　そういうことなんですか？

艮の金神　うん。そういうことなんだ。

酒井　神道系のなかで？

艮の金神　うーん。

酒井　ただ、われわれは秘書なので……。

艮の金神　だから、隠《かく》すんだろ？

酒井　隠すんじゃなくて……（苦笑）。

艮の金神　秘所って、どこを隠すんだ？（下半身を両手で隠しながら）ここか？

酒井　護《まも》っているという……。

艮の金神　うん？　護っている？

酒井　はい。

艮の金神　わしも護っとるんだ。

酒井　何を護っているんですか。

艮の金神　ええ？「神の権威」を、もうずっと護ってるから。

酒井　なるほど。

では、そこについては、もう一回、あとで伺《うかが》うことにします。

「国民全部が大本教《おおもときょう》に帰依《きえ》すれば、日本は潰《つぶ》されないで済む」

酒井　では、世界大戦、大東亜《だいとうあ》戦争については、どういう見解を持たれていたのですか。

艮の金神　うん？　いや、これが、やっぱり、わしの優《すぐ》れたところだと思うんだよなあ。「祟り神」と言われつつも、「予言の神」でもあるわけよ。だいたい、「予言の神」っていうのは、「祟り神」とほとんど瓜二《うりふた》つに近いからな。

予言っていうのは、だいたい悪いことを言うもんだからな。予言の神は、結局、それが当たらないと困るわけだ。当たらなきゃ信仰心《しんこうしん》が薄《うす》れるから、悪いことを起こそうとする。だから、祟り神なわけよ。な？　だから、まあ、一緒なんだ。

酒井　では、大東亜戦争はどうあるべきだったのですか。

艮の金神　うん？　うーん。だから、それはねえ、〝ぺっちゃんこ〟にしないとね？

酒井　日本をですか。

艮の金神　やっぱり、神に対する信仰心が立たんでしょう。

酒井　では、「日本を潰《つぶ》す」ということでよかったのですか。

艮の金神　「潰す」っていうか、「潰される」って言ってるだけで。

酒井　潰される？

艮の金神　うーん。

酒井　潰されない方法を提示すればよかったのではないですか。

艮の金神　それは、大本教《おおもときょう》に帰依《きえ》すればな。国民全部が大本教に帰依すれば、それは潰されないで済む。

酒井　ああ……。では、当時は、それで日本は救われたのですか。

艮の金神　もし、明治・大正ぐらいまでに、大本教がこの国に充満《じゅうまん》しておれば、もうちょっとだったんだがな。

酒井　もうちょっと……。

艮の金神　うーん。それは、救われただろうな。

「日本を外国に踏《ふ》み荒《あ》らさせるのも、神の仕事の一つ」？

酒井　ただ、ソ連の共産主義も北から押《お》し寄せてきていて、また、アメリカのほうも中国などを狙《ねら》いたかったので、ここがぶつかるのは必然だったはずですよね？

艮の金神　うーん、まあ、そうかなあ。

酒井　アジアを独立させよう、大東亜共栄圏《きょうえいけん》をつくろうという考えは間違っていたのですか。

艮の金神　だから、戦争に負けることは分かっておったから、現実に、大本教が国教になっておれば、日本は救われとった可能性もあるんだ。

酒井　それは、どういう救いになるのですか。

艮の金神　ええ？　だから……。

酒井　肉体的に救われるのですか。

艮の金神　だって、あんた、負けるのが分かっておったら、戦争しないでしょう。

酒井　それでは、戦争をしなかったとして、アジアがどんどん植民地化されていったとしても大丈夫《だいじょうぶ》だったのでしょうか。

艮の金神　いや、だから、戦争しなきゃ「ピカドン」は来てないでしょう？

酒井　戦争をしなければ「ピカドン」も来ていないけれども……。

艮の金神　東京大空襲《だいくうしゅう》もなかったよ。

酒井　しかし、もし、日本が、あなたの言うような、外国の人々の植民地になったらどうしますか。

艮の金神　うーん？　植民地って、「外国に踏《ふ》み荒《あ》らさせるのも、神の仕事の一つ」だからね。

酒井　それも容認ですか。

艮の金神　それは、もう昔から、ユダヤだけでなくて、古代のバビロンとかあのへんもみんな、外国の勢力に踏みしだかれて、やられとるでしょう。

酒井　ただ、それは、あなたの御神示にも書いてある「大和魂《やまとだましい》」に反するのではないですか。

艮の金神　うーん、大和魂は「散る」ことに意味があるからな。

酒井　「散る」のが大和魂なんですか。

艮の金神　うんうんうん。

酒井　では、大和魂には何も目的がないのですか。

艮の金神　大和魂は、ただ〝散るのみ〟なんだ。

「咲《さ》かせる神」である木花開耶姫《このはなのさくやびめ》とは「対立関係にある」

酒井　結局、大本教が弾圧を受けた理由というのは何だったのですか。

艮の金神　だから、私は、木花開耶姫《このはなのさくやびめ》なんかとは、いちおう対立関係にあるんですよ。

酒井　対立関係なんですね？

艮の金神　いちおう、うーん。

酒井　「咲《さ》かせる神様」と……。

艮の金神　うーん。「咲かせる神」とはね。こっちは「散らせる神」の

木花開耶姫　『古事記』『日本書紀』に登場する女神。富士山本宮浅間大社や全国の浅間神社に祀られている。名は「花（桜）が咲くように美しい女性」という意味であり、邇邇芸命《ににぎのみこと》（天照大神の孫）の妻となって火照命《ほでりのみこと》（海幸彦）や火《ほ》遠理命《おりのみこと》（山幸彦）を産んだ。火遠理命の孫が神日本磐余彦尊《かむやまといわれひこのみこと》（神武天皇）である。（画：葛飾北斎「富嶽百景」）

ほうだから。

酒井　「散らせる神」ですか。「とにかく壊《こわ》す」ということですか。

艮の金神　うーん。だけども、今の日本の秀才《しゅうさい》教育は全部、わしのもとにあるわけよ。みんなは、もうねえ、失敗するのを恐《おそ》れて、減点を恐れて、失敗しないように、できるだけ穏便《おんびん》に済まそうとするのが、日本の今の文化だろ？　だから、これは、〝私の考え〟が深く入ってるんだ、日本はな。

酒井　なるほど。

天皇制をどうしたいと考えていたのか

酒井　さらにお訊《き》きしますと、『大本神諭《しんゆ》』のなかで、天皇制はどうしたかったのでしょう？

艮の金神　うん？

酒井　『大本神諭』のなかでいろいろと語り、結局、不敬罪になったわけですけれども、天皇をどうされたかったのでしょうか。

艮の金神　いや、天皇が大本教に帰依すれば、それでよかったわけよ。

酒井　やはり、思想的には、対立はしていたのですね？

艮の金神　うーん。まあ、ちょっとなあ。

酒井　天皇制を変えたかった？

艮の金神　うーん、大本に帰依すればよかったわけよ。

酒井　なるほど。

艮の金神　そしたら、安泰《あんたい》だった。

酒井　天皇家は天照大神を信仰しているわけですけれども、大本教の場合、どの神様を信仰することになるのですか。

艮の金神　だから、艮の金神を信仰する。

酒井　「艮の金神信仰」なのですね？

艮の金神　うーん。それはそうだ。

酒井　なるほど。

4　艮の金神の正体に迫《せま》る

ユダヤにいる〝双子《ふたご》のきょうだい〟の名前は「ヤハウェ」?

酒井　そうすると、その信仰《しんこう》が立てる神で、当時の日本の主柱にある神様を倒《たお》そうとしていたのは事実ですね?

艮の金神　いやあ、そんなことはないよ。世界の宗教の中心にはユダヤ教があるわなあ。それはキリスト教のもとだからな。「ユダヤの神」っていうのは、わしみたいなもんだからさあ、ほとんど。

酒井　「ユダヤ」という言葉が何回も出てきましたけれども、それは、つまり、ユダヤにいらっしゃったということですね？

艮の金神　うん？　まあ、わしの〝双子《ふたご》のきょうだい〟でも、あっちにいたんじゃないかと思う。

酒井　〝双子のきょうだい〟ですか。そっくりな方がいらっしゃった？

艮の金神　うーん。

酒井　その方のお名前は遺《のこ》っていらっしゃいますか。

艮の金神　うん？　うーん、まあ、「艮の金神」とは名乗らんと思うけどなあ。

酒井　そうでしょうね。

艮の金神　うーん。それは……、「ヤハウェ」っていうんじゃないの？

酒井　ヤハウェなんですか？

艮の金神　うーん。

酒井　それは、お一人ですか。

●ヤハウェ　ユダヤ教徒等の聖典『旧約聖書』における唯一神の名とされており、「ヤハヴェ」「ヤーウェ」ともいわれる。

艮の金神　知らん。

酒井　知らない？

艮の金神　知らんけど、まあ、そういうふうに言われとるなあ。うんうん。

酒井　いわゆる「祟《たた》り神」になるわけですね？

艮の金神　うーん。

酒井　なるほど。

「わしの上に神なし。わしの下には滅《ほろ》ぼされる者ばかり」

酒井　そうすると、あなたは、本当の意味で、どの神様に帰依《きえ》されているのですか。

艮の金神　なんで、わしが帰依せないかんの？　わ・し・が・神・様。

酒井　あっ、帰依していないのですか。

艮の金神　わしが神様じゃろ。おまえ、何言うとるの？

酒井　そ・の・上・の神様は？

艮の金神　おまえ、発狂《はっきょう》しとるんか？

酒井・武田　（笑）

艮の金神　アホか。

酒井　ああ、そうですか（笑）。

艮の金神　だから、「わしが神様やから、わしに帰依せえ」と言ってるわけで、「わしに帰依せんかった者には滅《ほろ》びが下《くだ》る」と、こう言ってるだけだから。

酒井　なるほど。

艮の金神　そういう神様なんだ。「わしに帰依せんかったら滅びをもたらすぞ」っていう神様。

酒井　その上の神様は？

艮の金神　いるわけないじゃん、そんなもんよ。

酒井　エル・カンターレとか、そういう……。

艮の金神　そんな神様は、わしが滅ぼしてしまうんじゃないか。

酒井　滅ぼしてしまう？

艮の金神　うーん。それはそうだろう。

酒井　要するに、あなたは「至高神ではない」ということですね？

艮の金神　何を言うとるの？　わしの上に神なし。わしの下には滅ぼされる者ばかりだから。まあ、神々も人間も、みんな奴隷《どれい》だ。

モーセやイエスをどのように見ているのか

酒井　イエス様とかは、どういうふうにされていますか？

艮の金神　まあ、〝奴隷〟だな、一種のな。わしの好きなように切り刻《きざ》んでやったからな。

酒井　先ほど、「モーセ」という言葉が出てきましたけれども。

艮の金神　ああ、それもあったな。

酒井　モーセについてはどういうご認識ですか。

艮の金神　うーん、まあ、出口王仁三郎《でぐちおにさぶろう》みたいなもんだろう。

酒井　なるほど。

艮の金神　神の予言を受けてやっとったんだよ。

酒井　イエス様は？

艮の金神　イエス？　うーん……、イエスは、ほんまに無能な男であったで、何に当たるかのう。

酒井　（苦笑）無能ですか。

艮の金神　あれだけの無能さっていうのは、宗教家内でも珍《めずら》しい無能さだから。

うーん……。日本で、あの無能さにたとえるものがあるとすると、うーん……。日本の神様で、あんな無能なのがおるかなあ……。うーん……。まあ、おるとすれば、蘇我入鹿《そがのいるか》とか、そんなのが……。いやあ……、違《ちが》うかなあ……。

ああっ！　あのねえ、平《たいらの》……、乱を起こしたやつがおっただろ。

酒井　将門《まさかど》ですか。

艮の金神　将門だ。平将門が〝イエス・キリスト〟なんだ。

酒井　（苦笑）はい、分かりました。

「艮の金神」と近い日本神道《しんとう》の神とは

酒井　では、日本神道《しんとう》のなかで、「この方とは仲がいい」とか、「この方とは近い」という神様がいらっしゃったら、どなたかお教えいただけませんか。

艮の金神　日本神道の神様で、この人は近い？　うーん……。日本神道の神様で、この人は近い。うーん……。あ、物部《もののべ》とか近いかもしれないなあ。

酒井　物部ですか。

艮の金神　うん。

酒井　ということは、そのころは生きていらっしゃったのですね？

艮の金神　知らん。

酒井　はい？

艮の金神　知らん。うん。

酒井　「物部」の何なのですか。

艮の金神　うん？　物部の神様だろう。

酒井　物部の神様でいらっしゃった？

艮の金神　かもしれないなあ。

酒井　なぜ、先ほど、蘇我入鹿の名前が出てきたのでしょうか。

艮の金神　何となく。いやあ、何となくな。何となくそんな感じが。

酒井　では、あなたは、物部守屋《もりや》だと言いたいんですか。

艮の金神　いやいや、そんなことを言うとりゃせんねん、一言《ひとこと》も……。

酒井　はい？

艮の金神　一言も、わしは「人間だ」とは言うとらんのよ。

酒井　言っていないのですか。最近、ちょっと聞いたことがあったので……。

艮の金神　「神様だ」と言うとる。なんで守屋が出てくるの？

酒井　はい？

艮の金神　守屋がなんで出てくるの？

酒井　最近、「過去世《かこぜ》がそうだ」と言う方もいらっしゃったので（注。以前の霊《れい》査《さ》で、過去世が物部守屋と豊臣秀吉《とよとみひでよし》であると推定される人物がいることが判明している）。

艮の金神　そんな人がいるの？

酒井　はい。

艮の金神　何してる人？　何してる人？

酒井　最近ですか。

艮の金神　うん。

酒井　そのあとは、豊臣秀吉に生まれ変わったという話です。

艮の金神　秀吉は、あんたね、「金持ちの神様」なんだよ。わしが取り憑《つ》いたから、貧乏《びんぼう》になっただけで。

酒井　なるほど。

艮の金神　うーん。

再度、国之常立神《くにのとこたちのかみ》との関係性を問う

酒井　もう一回、話は戻《もど》りますけれども、国之常立神《くにのとこたちのかみ》と同一神であるかどうかというところは……。

艮の金神　国之常立神が日本を貧乏にしたんなら、同一かもしらんが。

酒井　いや、基本的に、貧乏にされる神様ではないんですよ。

艮の金神　ないの？

酒井　はい。

艮の金神　うーん、あっちは〝土建業者《どけんぎょうしゃ》〟でしょう、たぶん。

酒井　土建業者？

艮の金神　うーん。たぶんな。建設業務をやってる。

酒井　建設業務ですか。

艮の金神　建設……、だから、作業員じゃないかなあ。

酒井　「たぶん」ということですね？

艮の金神　うーん。〝ゼネコン〟だな。

「最近、わしらの仲間が一人還《かえ》ってきた」

酒井　最近、話をされたことはあるのですか。

艮の金神　うん？

酒井　お話を。

艮の金神　お話？

酒井　霊界《れいかい》で交流されることはあるのですか。

艮の金神　うーん、わしらの世界は、だから、まあ、君らが知っている者としては、最近、わしらの……、ああ、そうだ。わしらの仲間が一人還《かえ》ってきたからなあ。

酒井　誰《だれ》ですか。

艮の金神　ええ？　「水木《みずき》しげる」っていうのが。

酒井　（笑）ああ、そういうことなんですね？

●水木しげる（1922～2015）　マンガ家。妖怪マンガの第一人者として活躍。代表作は『ゲゲゲの鬼太郎』『悪魔くん』『河童の三平』等。死後12日目に霊言を収録した（『水木しげる　妖怪ワールドを語る』〔幸福の科学出版刊〕参照）。

艮の金神　『ゲゲゲの鬼太郎《きたろう》』さんの世界は、よう似とるわなあ。

酒井　なるほど。そういう世界なのですね？

艮の金神　うん。だから、いるよ。仲間はいるよ。

酒井　仲間はいる？

艮の金神　仲間はいるけど、君らから見たら、あまりにも崇高《すうこう》な存在だから、近寄れない。

帰天直後に霊言が収録された『水木しげる　妖怪ワールドを語る』（幸福の科学出版刊）

酒井　ああ。

艮の金神　君らなんか、いくら呼んだって、「一反木綿《いったんもめん》の神」なんか呼べんだろう。

酒井　あ……（笑）。それは、「呼びたくもない」という感じではありますけれども。

武田　それは、現代で言うと、宮崎駿《みやざきはやお》さんなどと近いですか？

艮の金神　ああ、だからねえ、ずいぶん流行《はや》っとるんだ。まあ、わしが、それをやっとるわけではないけども、わしが君臨《くんりん》しておるというか、尊敬を集めとる世界においては、日本にはすっごく大きな影響《えいきょう》が、今、与《あた》えられておるな。

酒井　うーん。なるほど。

『大本神諭《おおもとしんゆ》』でインスピレーションを送っていた者とは

酒井　そうすると、そういった方々が教えを説いているというように考えていいわけですか。

艮の金神　仲間はいっぱいおるでなあ。

酒井　ああ。では、この『大本神諭《おおもとしんゆ》』でインスピレーションを送っていた方は、お一人ではない可能性もあるのでしょうか。

艮の金神　まあ、それはそうだろう。だって、それはくたびれるからなあ。

酒井　くたびれるから？

艮の金神　うん。

酒井　では、あなた以外では、どういう方が送っていたのでしょう？

艮の金神　まあ、手が空《あ》いとる者でしょう。

酒井　手が空いている者ですか。それは、やはり、そのへんの妖怪《ようかい》の世界の方々ということでよいのでしょうか。

艮の金神　うんうん。どうせ、明治維新《いしん》で使ってもらえないで倒れた人たちじゃないの？

酒井　いわゆる武士階級の人たちで、失業してしまったような方々とか……。

艮の金神　だから、暗殺されて、もう不要……、何つうか、なあ？「このままでは成仏《じょうぶつ》し切れんので、もう一仕事《ひと》したい」と思っとるような人たちとかが、少し来てたかもしらんな。

酒井　そうすると、「明治政府に対する怨念《おんねん》」だったということでよいのでしょうか。

艮の金神　怨念は、まあ、ちょっとはあるわなあ。

酒井　「明治政府に対する怨念」でしょうか。

艮の金神　うーん。敵は敵だからなあ。

酒井　やはり、明治政府を倒したかった人たちは多かったということですね。

艮の金神　うん。だから、明治政府はできたけど、ご褒美《ほうび》をもらい損《そこ》ねた人たちだろうな。

日本の歴史的な宗教世界は「妖怪《ようかい》やお化《ば》けの世界」？

酒井　その方々は、やはり、「最終的には、日本に原子爆弾《ばくだん》が落ちるまで行ってもらいたい」ぐらいの気持ちになっていたということでしょうか。

艮の金神　まあ、そういう場合もあるわなあ。

酒井　これは、単なる予言ではなくて、「そうあってほしい」という願いもあったわけですね。

艮の金神　いや、わしを犯人にするなよ。わしを犯人には……。

酒井　ただ、あなた様ではなかったとしても、そういう集合想念が働いていたのは事実なんですか。

艮の金神　うーん、だから、明治維新で幸福になった人もおるけども、不幸になった人もおるから、不幸になって不遇《ふぐう》のうちに死んだ人は、艮の金神を信仰し始めるんだよな。

そうすると、わしらが飛んできて、ねえ？　ろくろっ首《くび》、のっぺらぼう、一反木綿《いったんもめん》、唐傘《からかさ》お化《ば》け、みんな集まってきてねえ、やっぱり、〝どんちゃん〟して、国を騒《さわ》がせないといかんからさ。

酒井　なるほど。

艮の金神　でも、それは、日本の伝統的な文化なんだよ。

酒井　やはり、本流の神道系とは、ちょっと違いますね。

艮の金神　「本流の神道系」っていうのがよく分からんけれども、日本の歴史的な宗教世界ってのは、そういう「妖怪《ようかい》・お化けの世界」なんだよ。

酒井　なるほど。

艮の金神　数は多いんだって。

酒井　だから、あれだけ人気が出たのですね。

艮の金神　数はすごくあるんだよ。

酒井　日本人の心情には合っていたと。

艮の金神　日本人にねえ、信仰心がないってのはとんでもない間違いで、「妖怪やお化けに対する信仰心」がすごくあるんだよ。

だから、今だって、妖怪ものがすごく流行《はや》るだろ？「妖怪ウォッチ」だとかさあ、「妖怪人間」だとか、ね？宮崎（駿）の世界とか、妖怪をやったら、まあ、一発、パツイチで、君たちの、だいたい十倍から何十倍もの〝あれ〟があるかなあ、客がいるわな。

酒井　分かりました。

5　現代でも「原始に帰れ」という運動を指導している

霊的には「環境《かんきょう》保護団体」や「反原発運動」などに入っている

酒井　お訊《き》きしたい話として、当会の「革命」という考えのなかで、「ここは気をつけなさいよ」というような教訓があれば、お教えいただければと思います。

艮の金神　いやあ、だからね、日本の主流系団は妖怪《ようかい》世界だから、「妖怪革命」っていうのもあるんだよと。それが主流だから、君たちは革命を起こそうとしても、力が弱すぎて、微力《びりょく》だから、妖怪革命には勝てなくて、跳《は》ね返される可能性が高いから、用心したほうがいいよと。まあ、そういうことだよな。

酒井　ただ、妖怪革命をすると、大弾圧《だいだんあつ》が起きるわけですよね。

艮の金神　それは、ちょっとなあ、西洋世界のあれが入りすぎているわけよ。キリスト教がつくった機械文明や唯物論《ゆいぶつろん》的科学思想みたいなものがな、妖怪を迫害《はくがい》しているわけで。われわれは、今、「環境《かんきょう》保護団体」とか、「反原発」とか、「反戦運動」とかいうグループたちのなかのほうに、みな、入ってるから、だいたい。

酒井　実は、大本教《おおもときょう》に集まっていた人は、霊的《れいてき》にはそちらに入っているのですね。

艮の金神　いや、わしらのほうの世界のな。妖怪世界だっていうのは、要するに、「原始に帰れ」なんで。

酒井　「原始に帰れ」なんですね。

艮の金神　もともとの日本の原始の森に帰らないと、妖怪たちは住んでられないからね？

酒井　なるほど。

艮の金神　そっちに戻《もど》る、昔戻《むかしもど》りを勧《すす》めるのは……。

二度にわたる大本大弾圧《おおもとだいだんあつ》からの教訓とは？

酒井　一つだけ知恵《ちえ》を頂きたいんですが。それほどまで日本中を席巻《せっけん》したあなた様の考え方が、弾圧《だんあつ》されました。

艮の金神　うん。

酒井　ものすごく大きな弾圧が二回以上にわたって行われたわけですが、これは、何に気をつけるべきなのでしょうか。

艮の金神　うーん、だから、君らはさあ、体が大きくなりゃ強くなると思ってるけど、大きくなると警戒《けいかい》されることもあるってことだなあ。まあ、それだけのことや。小さいうちは見過ごすが、大きくなったら見過ごさんようになるわなあ。いろんな勢力を持つからなあ。

酒井　ただ、あなたがたが送られていた神示、神諭《しんゆ》のなかには、明らかに迫害を受けるものが入っていたわけですよね。それは、今、改めて考えるとするならば、何だったのでしょうか。

艮の金神　だけど、まあ、「三千世界一度に開く梅の花」っていうのは、明治以降、数多くの宗教がいっぱい生まれていったことを予言してるとも言えなくはないからね。

酒井　そこは大丈夫《だいじょうぶ》だったわけですね。

艮の金神　うん、うん、うん。

酒井　では、何が、あそこまで強烈《きょうれつ》な弾圧を招いたんでしょうか。

艮の金神　たぶん、明治以前のだな、江戸《えど》時代までの宗教思想っていうのは、わしらに極《きわ》めて近いもんだったと思うんだよな。明治以降は、西洋文明が入りすぎてやなあ、バタ臭《くさ》くなったんだな。だから、われわれの住み場所がどんどん狭《せば》められていっておったでなあ。

酒井　はい。

艮の金神　明治にはな、啓蒙《けいもう》運動のなかに「迷信撲滅《めいしんぼくめつ》運動」みたいなのがあったから、その撲滅される側にも、われわれの〝生活圏《けん》〟がだいぶあったのでな。うーん。

だから、君らだって、「学校の怪談」とか、映画つくりたいだろう？　だから、な、そういうとこに、こう、共通のものがあるわけよ。

酒井　なるほど。

艮の金神　やっぱり、人を脅《おど》かしてね、そういう〝聖域《せいいき》〟を護《まも》らないかんわけだ。

日本霊界《れいかい》は「天狗《てんぐ》系　対　仙人《せんにん》系」の戦いだと強調

酒井　先ほど、天皇制のところでも、教義がぶつかっていましたけれども、それ以外の宗教観においても、現代的なものとぶつかり合ってきたということですよね。

艮の金神　天御中主《あめのみなかぬし》系というのは、どうせ、「天狗《てんぐ》系」だよな。間違《まちが》いなくな。

あれは天狗系なんだよ。
酒井　うーん。
艮の金神　うちらのほうは、どっちかというと「仙人《せんにん》系」なんだよ。
酒井　そうなんですか。
艮の金神　だから、日本霊界《れいかい》は「天狗系 対 仙人系」の戦いなんだよ。
そういう「天狗 対 仙人」が戦って、天狗が明治の世をつくったので、仙人が一生懸命《いっしょうけんめい》、逆襲《ぎゃくしゅう》をかけたけど、土俵際《どひょうぎわ》でうっちゃられたって、まあ、そういうことだよな。

酒井　なるほど。

艮の金神　天狗は外国に攻《せ》められて、鼻をへし折られたと。まあ、これが先の大戦の構図だ。うん。

酒井　あなたは、そのあと、どうしようとされていたんですか。

艮の金神　え？　何が？

酒井　そのあとの構図は、水木《みずき》しげるで……。

艮の金神　いや、だから、日本は「昔戻り《むかしもど》」すればよかったわけですから。

酒井　では、今も、「昔戻りする」という流れは続いているわけですね。「反原発」とか、そういうことで……。

艮の金神　うん。いや、だから、まあ、いちおう、でも、いやあ……。王仁三郎《おにさぶろう》とかはな、そらあ、新聞やったり、買ったり、派手な宣伝したり、そういう新しいあれは、いっぱい持ってはおったんだがな。マーケティング技術を持っておったんだがなあ。

酒井　うーん。

艮の金神　だけど、基本的には、まあ、どちらかというと、そういう「昔返り」だわな。うーん。

酒井　昔返りと？

艮の金神　うーん。

酒井　分かりました。

「信仰《しんこう》を毒した伊藤博文《いとうひろぶみ》は明治でいちばんの悪人《あくにん》」

酒井　今、幸福の科学グループでは政治活動もしていますが、そのあたりのことに対するアドバイスなどがあれば……。

艮の金神　いちばんの悪人《あくにん》っていうのは、まあ、伊藤博文《いとうひろぶみ》だろうね。あれが〝いちばんの悪人〟だろう。明治でナンバーワンって、あれだ。

酒井　ナンバーワン？

艮の金神　あれがいちばん悪人だろうな、あれがなあ。うーん、信仰《しんこう》を毒したな。うん。あいつが、いちばん毒した。うん。あいつはな。信仰心がないのに、信仰を利用しようとしたのは、あいつや。間違いない。

酒井　そういう個人的な恨《うら》みがあるんですか。

艮の金神　ええ？　個人的にというか、明治全体を毒しただろう。うーん。

酒井　要するに、「明治政府の象徴《しょうちょう》」であったということですね。

艮の金神　だから、いや、西洋の傀儡《かいらい》よ、な？　傀儡で、かたちだけ生まれて。

酒井　それはアドバイスというよりも、要するに、個人の考え方ですよね？

艮の金神　うーん？　「個人」って何よ？

酒井　それは、あなた様の考え方ということですね。

艮の金神　神様に対して「個人」って、どういうことかなあ。分からんが。

酒井　金神様のお考えであると。

艮の金神　だから、「祟《たた》りを起こしてやろう」と思うとるからさあ。

酒井　では、今、幸福の科学にも祟りを起こそうとしている？

艮の金神　いやあ、そらもう、わしに法戦《ほうせん》を挑《いど》んでくるなら、全部叩《たた》き潰《つぶ》してやらないかんわ、うん。

酒井　なるほど。そうすると、今、伊藤博文様がいらっしゃるんですが……（注。

以前の霊言《れいげん》では、幸福実現党党首・釈量子《しゃくりょうこ》の過去世《かこぜ》は伊藤博文であると推定されている。『釈量子の守護霊《しゅごれい》霊言』（幸福実現党刊）参照）。

艮の金神　うーん、いや、暗殺されたくて困っとるみたいよ。

酒井　（苦笑）なるほど、分かりました。

では、反面教師として、今日の学びとさせていただきたいと思います。

国之常立神《くにのとこたちのかみ》はゼネコンのような神様？

艮の金神　だからなあ、君らはなあ、神様の〝鱗《うろこ》〟を逆《さか》なでするようなことを、あんまりしすぎないほうがいい。神様は「原始の森」がお好きなんだからさ、基

『釈量子の守護霊霊言』
（幸福実現党刊）

本的にな。

酒井　お好きなんですね。

艮の金神　だから、国之常立神《くにのとこたちのかみ》っていうのはねえ、〝土建屋〟なんだよ。

酒井　まったく「原始の森」の神ではないですよね。

艮の金神　〝元祖《がんそ》ゼネコン〟なんだよ、だから。

酒井　近代的な世界になりますね。

艮の金神　夢窓疎石《むそうそせき》みたいに、天龍寺《てんりゅうじ》をつくるような、なあ、こういうゼネコンみたいな神様だ、これ。

酒井　「国之常立神は、あなた様ではない」ということは明確に分かりましたので。それでは、本日は、以上とさせていただきます。

艮の金神　これでいいのかなあ。なんか、君ら、もうちょっと賢《かしこ》いアドバイスが欲《ほ》しくないのかなあ。

13～14世紀の臨済宗の禅僧・夢窓疎石（右：無等周位画／天龍寺塔頭妙智院蔵）は7つの国師号を持つ名僧。夢窓疎石が開山した京都の天龍寺（上写真）や西芳寺、鎌倉の瑞泉寺などの名庭を設計したことでも知られる。

酒井　はい？

艮の金神　賢いアドバイスか、何とか。

酒井　もし、何かあれば、賢いアドバイスを……。

艮の金神　うん？　だから、「どうやったら妖怪世界に入れるのか」とか……。

酒井　いや、もういいです（笑）（会場笑）。

艮の金神　ええ？

武田　はい。それは水木しげるさんから聞いておりますので。

艮の金神　ああ、いいのか。

酒井　はい、聞いています。

艮の金神　信仰心を持たなきゃ駄目《だめ》なの。そういうねえ、「バケモノを求める心」を大事にしなさい。

酒井　かしこまりました。ありがとうございました。

艮の金神　うん、うん。

6　明らかになった幸福の科学と大本教《おおもときょう》の「革命の違《ちが》い」

「宮崎《みやざき》アニメ」などに近い大本教の路線

大川隆法　（手を二回叩《たた》く）はい。

こういうことであれば、「革命」という路線のなかで、大本教《おおもときょう》の路線は少し違《ちが》うもののようですね。

これは、どちらかというと、今の「沖縄《おきなわ》」とか、SEALDs《シールズ》（自由と民主主義のための学生緊急《きんきゅう》行動）とか、宮崎駿《みやざきはやお》とかの反戦運動のほうにつながるようなもののようです。

宮崎駿も、零戦《ぜろせん》を全滅《ぜんめつ》させたりするマンガやアニメ映画を描いたりしていましたが（「風立ちぬ」）、確かに、朝日系もこういうものは、好きは好きなんですね。また、「乱開発」のようなものが嫌《きら》いだったりします。

なるほど、いろいろなものが混在《こんざい》してあるのかもしれませんね。ただ、何か「違い」が分かったところはあります。

当会は、多少、「祟《たた》り」について言う場合もありますが、どちらかというと、「科学文明の進化と融合《ゆうごう》していこうとする宗教」をつくろうとしているので、若干《じゃっかん》、ベクトルは違うのでしょう。

酒井　そうですね。

大川隆法　まあ、日本の宗教界には、「幽霊《ゆうれい》の世界」や「お化《ば》けの世界」、あるいは、「柳田國男《やなぎたくにお》の神話、民話の世界」といった、昔のほうへ引き戻《もど》そうとする動きがあるわけです。そういう意味で、いろいろ混在はしているのでしょう。

当会のなかにも、「X《エックス》ファイル」風のものは一部入ってくるので、そうしたものが混在している面はあります。ただ、「合理主義と共存できる宗教」であるので、「違いがある」ということですね。

酒井　そうですね。

大川隆法　やはり、いろいろな〝流派〟があるので、それはしかたがないことではあるでしょう。

幸福の科学は「保守からの進歩」を目指している

大川隆法　今回の霊言《れいげん》で確認されたこととしては、「出口王仁三郎《でぐちおにさぶろう》は、艮の金神

●Xファイル　1993年から2002年にかけて、アメリカで製作されたテレビドラマのこと。FBI捜査官2人が、UFOやUMA、オカルトなど超常現象にまつわる事件の真相を追うという内容となっている。

の正体を『国之常立神《くにのとこたちのかみ》だ』と霊査《れいさ》したけれども、これは、おそらく間違いだ」ということでしょう。

やはり、艮の金神が、国之常立神のことを「ゼネコンの神」と言っている以上、「建設」「背骨《せぼね》づくり」のほうの神であって、「国を滅《ほろ》ぼすほうの神」ではないわけです。そのように見なければいけないでしょう。

また、「予言」については、確かに、危険性は感知していたのだと思います。ただ、当会は九〇年代ぐらいから、そうしたものは止《と》めてはいました。危険な予言はあまり使いすぎるとよくないので、少し止めてはいたのです。

ともかく、「革命運動」とか、「法戦《ほうせん》」とか、「選挙」とか、いろいろとやっているなかに、さまざまなものが紛《まぎ》れ込《こ》んでくるので、少し整理しなければいけないでしょう。

まあ、当時の大本教の運動は、「今、反政府運動的にやっているもののほうに、意識的には近い」ということです。

酒井　そうですね。

大川隆法　まあ、そういうことでしょう。だいたい、立ち位置としては分かりました。

やはり、私たちとしては、「保守からの進歩を目指している立場」にはいるというところでしょうか。つまり、「体制全体に責任を持ちながら、イノベーションをかけていこうとしている」のが幸福の科学の立場であって、「壊《こわ》して、昔に戻れ」という立場ではないということです。

酒井　はい。

大川隆法　（当会は政府を）批判することもありますが、そのあたりについて読み違えてはいけません。

今回は、一つ、「大本教の立ち位置」が見えましたので、これはこれで意味があったかと思います。

酒井　はい。ありがとうございました。

あとがき

今回、北東の祟《たた》り神、「艮《うしとら》の金神《こんじん》」の正体が初めて明らかになった。二代目教祖、出口王仁三郎《でぐちおにさぶろう》が審神《さにわ》して、「国之常立神《くにのとこたちのかみ》」だとしていたが、これだと『日本《にほん》書紀《しょき》』に書かれている日本の最初の神が大本の神ということになるが、実態はどうも違うようだ。

国之常立神は、国家建設のための表側の神様で、逆に、艮の金神は、裏側の妖《よう》怪《かい》世界につながる神様のようである。日本のアニメなどでも妖怪世界をあつかったものが非常に人気だが、政治的には、反戦・平和・反核・環境運動などに熱を入れているグループと親和性《しんわせい》が高いらしい。

現在、参院選挙当日に、この文を書いているが、与党側と野党側の二大陣営に分かれて対立している構図が十分理解されることだろう。

なお、国之常立神は、過去、日本では、天智天皇《てんじてんのう》、夢窓疎石《むそうそせき》、木戸孝允《きどたかよし》などの名で転生《てんしょう》したこともある魂で、天台大師智顗《てんだいだいしちぎ》としても知られている。

二〇一六年　七月十日

幸福《こうふく》の科学《かがく》グループ創始者兼総裁《そうししゃけんそうさい》　大川隆法《おおかわりゅうほう》

『艮の金神と出口なおの霊言』大川隆法著作関連書籍

『天理教開祖　中山みきの霊言』（幸福の科学出版刊）
『生長の家 創始者　谷口雅春に政治思想の「今」を問う』（同右）
『水木しげる　妖怪ワールドを語る』（同右）
『秋山真之の日本防衛論』（幸福実現党刊）
『釈量子の守護霊霊言』（同右）
『大川隆法名言集「革命家」になりたい〝あなた〟へ100の極意』
（大川真輝著　幸福の科学出版刊）
『正しき革命の実現』（同右）

※左記は書店では取り扱っておりません。最寄りの精舎・支部・拠点までお問い合わせください。

『大川隆法霊言全集　第46巻　出口王仁三郎の霊言①』（宗教法人幸福の科学刊）

『大川隆法霊言全集　第49巻　出口王仁三郎の霊言②』（同右）

艮《うしとら》の金神《こんじん》と出口《でぐち》なおの霊言《れいげん》

――大本教の主宰神と開祖の真実に迫る――

2016年7月25日　初版第1刷

著　者　　大《おお》 川《かわ》 隆《りゅう》 法《ほう》

発行所　幸福の科学出版株式会社

〒107-0052 東京都港区赤坂2丁目10番14号

TEL(03)5573-7700

http://www.irhpress.co.jp/

印刷・製本　株式会社 堀内印刷所

落丁・乱丁本はおとりかえいたします

ISBN978-4-86395-813-5 C0014

写真：yawa/PIXTA

大川隆法シリーズ・**最新刊**

現代の貧困をどう解決すべきか トマ・ピケティの守護霊を直撃する

ピケティ理論は、現代に甦ったマルクスの「資本論」だった!? 世界的ベストセラー『21世紀の資本』に潜む真の意図と霊的背景が明らかに。

1,400円

生長の家 三代目 谷口雅宣のスピリチュアル分析

初代とは真逆の政治思想を発信し、環境左翼化する「生長の家」――。現総裁の本心と、霊界から教団に影響を与えている"存在"の正体に迫る。

1,400円

生長の家 創始者 谷口雅春に政治思想の「今」を問う

大東亜戦争、憲法と天皇制、保守思想と国家論……。従来の保守思想から大きく変質し、左傾化する現在の教団について、初代総裁の考えを訊く。

1,400円

※表示価格は本体価格(税別)です。

大川隆法霊言シリーズ・宗教の違いを考える

天理教開祖　中山みきの霊言

天理教の霊的ルーツに迫る

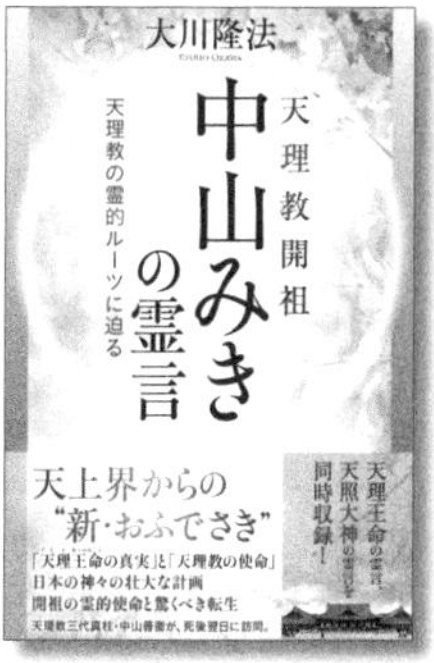

神道系の新宗教のなかで、なぜ天理教は発展したのか。日本の神々の壮大な計画や、開祖・中山みきの霊的使命と驚くべき転生が明かされる!

1,400円

宗教決断の時代

目からウロコの宗教選び①

統一協会教祖・文鮮明(守護霊)、創価学会初代会長・牧口常三郎の霊言により、各教団の霊的真相などが明らかになる。

1,500円

宗教イノベーションの時代

目からウロコの宗教選び②

日本の新宗教のイメージをつくってきた立正佼成会創立者・庭野日敬、真如苑教祖・伊藤真乗、創価学会名誉会長・池田大作守護霊がその本心を語る。

1,700円

大川隆法 霊言シリーズ・霊的世界の神秘を探る

水木しげる
妖怪ワールドを語る

死後 12 日目のゲゲゲ放談

ページを開けば、そこはもう「異界」——。妖怪マンガの第一人者が明かす、創作の原点、独自の霊界観、そして日本人へのメッセージ。

1,400円

「宮崎駿アニメ映画」
創作の真相に迫る

宮崎アニメの魅力と大ヒット作を生み出す秘密とは? そして、創作や発想の原点となる思想性とは? アニメ界の巨匠の知られざる本質に迫る。

1,400円

日本民俗学の父
柳田國男が観た死後の世界

河童、座敷童子、天狗、鬼……。日本民俗学の創始者・柳田國男が語る「最新・妖怪事情」とは? この一冊が 21 世紀の『遠野物語』となる。

1,400円

新時代をリードする20代のオピニオン

新・神国日本の精神

真の宗教立国をめざして

大川咲也加　著

先人が国づくりに込めた熱き思いとは。明治憲法制定に隠された「歴史の真相」と「神の願い」を読み解き、未来を拓くための「真説・日本近代史」。

1,500円

正しき革命の実現

大川真輝　著

今こそ戦後の洗脳を解き、「正しさの柱」を打ち立てるべき時！ 天意としての「霊性革命」「政治革命」「教育革命」成就のための指針を語る。

1,300円

大川隆法名言集「革命家」になりたい“あなた”へ100の極意

大川真輝　著

世の中を変えたいなら、まずは自己革命を起こせ！ 明治維新の志士の如く熱く生きるための心得から、勇気の奮い立たせ方など、革命の極意が凝縮！

1,300円

幸福実現党テーマ別政策集 1　「宗教立国」

大川裕太　著

「政教分離」や「民主主義と宗教の両立」などの論点を丁寧に説明し、幸福実現党の根本精神とも言うべき「宗教立国」の理念を明らかにする。【幸福実現党刊】

1,300円

大川隆法「法シリーズ」・**最新刊**

正義の法

法シリーズ第22作

憎しみを超えて、愛を取れ

テロ事件、中東紛争、中国の軍拡──。
どうすれば世界から争いがなくなるのか。
あらゆる価値観の対立を超える
「正義」とは何か。
著者二千書目となる「法シリーズ」最新刊！

2,000円

第１章　神は沈黙していない──「学問的正義」を超える「真理」とは何か
第２章　宗教と唯物論の相克──人間の魂を設計したのは誰なのか
第３章　正しさからの発展──「正義」の観点から見た「政治と経済」
第４章　正義の原理
──「個人における正義」と「国家間における正義」の考え方
第５章　人類史の大転換──日本が世界のリーダーとなるために必要なこと
第６章　神の正義の樹立──今、世界に必要とされる「至高神」の教え

※表示価格は本体価格（税別）です。

大川隆法ベストセラーズ・地球レベルでの正しさを求めて

正義と繁栄

幸福実現革命を起こす時

「マイナス金利」や「消費増税の先送り」は、安倍政権の失政隠しだった!?国家社会主義に向かう日本に警鐘を鳴らし、真の繁栄を実現する一書。

1,500円

世界を導く日本の正義

20年以上前から北朝鮮の危険性を指摘してきた著者が、抑止力としての日本の「核装備」を提言。日本が取るべき国防・経済の国家戦略を明示した一冊。

1,500円

現代の正義論

憲法、国防、税金、そして沖縄。
――『正義の法』特別講義編

国際政治と経済に今必要な「正義」とは――。北朝鮮の水爆実験、イスラムテロ、沖縄問題、マイナス金利など、時事問題に真正面から答えた一冊。

1,500円

幸福の科学出版

幸福の科学グループのご案内

宗教、教育、政治、出版などの活動を通じて、地球的ユートピアの実現を目指しています。

幸福の科学

一九八六年に立宗。信仰の対象は、地球系霊団の最高大霊、主エル・カンターレ。世界百カ国以上の国々に信者を持ち、全人類救済という尊い使命のもと、信者は、「愛」と「悟り」と「ユートピア建設」の教えの実践、伝道に励んでいます。

（二〇一六年七月現在）

愛

幸福の科学の「愛」とは、与える愛です。これは、仏教の慈悲《じひ》や布施《ふせ》の精神と同じことです。信者は、仏法真理をお伝えすることを通して、多くの方に幸福な人生を送っていただくための活動に励んでいます。

悟り

「悟り」とは、自らが仏の子であることを知るということです。教学《きょうがく》や精神統一によって心を磨き、智慧《ちえ》を得て悩みを解決すると共に、天使・菩薩《ぼさつ》の境地を目指し、より多くの人を救える力を身につけていきます。

ユートピア建設

私たち人間は、地上に理想世界を建設するという尊い使命を持って生まれてきています。社会の悪を押しとどめ、善を推し進めるために、信者はさまざまな活動に積極的に参加しています。

海外支援・災害支援

国内外の世界で貧困や災害、心の病で苦しんでいる人々に対しては、現地メンバーや支援団体と連携して、物心両面にわたり、あらゆる手段で手を差し伸べています。

自殺を減らそうキャンペーン

年間約３万人の自殺者を減らすため、全国各地で街頭キャンペーンを展開しています。

公式サイト　www.withyou-hs.net

ヘレンの会

ヘレン・ケラーを理想として活動する、ハンディキャップを持つ方とボランティアの会です。視聴覚障害者、肢体不自由な方々に仏法真理を学んでいただくための、さまざまなサポートをしています。

公式サイト　www.helen-hs.net

幸福の科学グループの教育・人材養成事業

ハッピー・サイエンス・ユニバーシティ

Happy Science University

ハッピー・サイエンス・ユニバーシティとは

ハッピー・サイエンス・ユニバーシティ(HSU)は、大川隆法総裁が設立された
「現代の松下村塾」であり、「日本発の本格私学」です。
建学の精神として「幸福の探究と新文明の創造」を掲げ、
チャレンジ精神にあふれ、新時代を切り拓く人材の輩出を目指します。

学部のご案内

人間幸福学部

人間学を学び、新時代を切り拓くリーダーとなる

経営成功学部

企業や国家の繁栄を実現する、起業家精神あふれる人材となる

未来産業学部

新文明の源流を創造するチャレンジャーとなる

未来創造学部

2016年4月開設

時代を変え、未来を創る主役となる

政治家やジャーナリスト、ライター、俳優・タレントなどのスター、映画監督・脚本家などのクリエーター人材を育てます。※

※キャンパスは東京がメインとなり、2年制の短期特進課程も新設します(4年制の1年次は千葉です)。2017年3月までは、赤坂「ユートピア活動推進館」、2017年4月より東京都江東区(東西線東陽町駅近く)の新校舎「HSU未来創造・東京キャンパス」がキャンパスとなります。

住所 〒299-4325 千葉県長生郡長生村一松丙 4427-1
TEL.0475-32-7770

教育

学校法人 幸福の科学学園

学校法人 幸福の科学学園は、幸福の科学の教育理念のもとにつくられた教育機関です。人間にとって最も大切な宗教教育の導入を通じて精神性を高めながら、ユートピア建設に貢献する人材輩出を目指しています。

幸福の科学学園

中学校・高等学校（那須本校）
2010年4月開校・栃木県那須郡（男女共学・全寮制）
TEL 0287-75-7777
公式サイト happy-science.ac.jp

関西中学校・高等学校（関西校）
2013年4月開校・滋賀県大津市（男女共学・寮及び通学）
TEL 077-573-7774
公式サイト kansai.happy-science.ac.jp

仏法真理塾「サクセスNo.1」 TEL 03-5750-0747（東京本校）

小・中・高校生が、信仰教育を基礎にしながら、「勉強も『心の修行』」と考えて学んでいます。

不登校児支援スクール「ネバー・マインド」 TEL 03-5750-1741

心の面からのアプローチを重視して、不登校の子供たちを支援しています。
また、障害児支援の**「ユー・アー・エンゼル!」運動**も行っています。

エンゼルプランV TEL 03-5750-0757

幼少時からの心の教育を大切にして、信仰をベースにした幼児教育を行っています。

シニア・プラン21 TEL 03-6384-0778

希望に満ちた生涯現役人生のために、年齢を問わず、多くの方が学んでいます。

NPO活動支援

学校からのいじめ追放を目指し、さまざまな社会提言をしています。また、各地でのシンポジウムや学校への啓発ポスター掲示等に取り組む一般財団法人「いじめから子供を守ろうネットワーク」を支援しています。

公式サイト mamoro.org
相談窓口 TEL.03-5719-2170
ブログ blog.mamoro.org

政治

幸福実現党

内《ない》憂《ゆう》外《がい》患《かん》の国難に立ち向かうべく、二〇〇九年五月に幸福実現党を立党しました。創立者である大川隆法党総裁の精神的指導のもと、宗教だけでは解決できない問題に取り組み、幸福を具体化するための力になっています。

幸福実現党 釈量子サイト
shaku-ryoko.net

Twitter
釈量子@shakuryoko
で検索

党の機関紙
「幸福実現NEWS」

幸福実現党 党員募集中

あなたも幸福を実現する政治に参画しませんか。

○ 幸福実現党の理念と綱領、政策に賛同する18歳以上の方なら、どなたでも党員になることができます。
○ 党員の期間は、党費(年額 一般党員5千円、学生党員2千円)を入金された日から1年間となります。

党員になると

党員限定の機関紙が送付されます。
(学生党員の方にはメールにてお送りします)
申込書は、下記、幸福実現党公式サイトでダウンロードできます。

住所:〒107-0052
東京都港区赤坂2-10-8 6階
幸福実現党本部

TEL **03-6441-0754**
FAX **03-6441-0764**
公式サイト **hr-party.jp**
若者向け政治サイト **truthyouth.jp**

出版 メディア 事業

幸福の科学出版

大川隆法総裁の仏法真理の書を中心に、ビジネス、自己啓発、小説など、さまざまなジャンルの書籍・雑誌を出版しています。他にも、映画事業、文学・学術発展のための振興事業、テレビ・ラジオ番組の提供など、幸福の科学文化を広げる事業を行っています。

アー・ユー・ハッピー？
are-you-happy.com

ザ・リバティ
the-liberty.com

幸福の科学出版
TEL **03-5573-7700**
公式サイト **irhpress.co.jp**

THE FACT

ザ・ファクト
マスコミが報道しない
「事実」を世界に伝える
ネット・オピニオン番組

Youtubeにて
随時好評配信中！

ザ・ファクト 検索

NEW STAR PRODUCTION

ニュースター・プロダクション

ニュースター・プロダクション(株)は、新時代の〝美しさ〟を創造する芸能プロダクションです。二〇一六年三月には、ニュースター・プロダクション製作映画「天使に〝アイム・ファイン〟」を公開しました。

公式サイト
newstar-pro.com